生死學叢書——傅偉勳 主編

凝視死亡之心

岸本英夫 著／闞正宗 譯

東大圖書公司

國家圖書館出版品預行編目資料

凝視死亡之心／岸本英夫著，闞正宗譯.--初版.--臺北市：東大發行：三民總經銷，民86

面；　公分.--(生死學叢書)

ISBN 957-19-2113-0 (平裝)

1.死亡　2.人生哲學

191　　86006301

國際網路位址 http://sanmin.com.tw

© 凝視死亡之心

著作人　岸本英夫

譯者　闞正宗

發行人　劉仲文

著作財產權人　東大圖書股份有限公司
臺北市復興北路三八六號

發行所　東大圖書股份有限公司
地址／臺北市復興北路三八六號
電話／五〇〇六六〇〇
郵撥／〇一〇七一七五──〇號

印刷所　東大圖書股份有限公司

總經銷　三民書局股份有限公司

門市部　復北店／臺北市復興北路三八六號
重南店／臺北市重慶南路一段六十一號

初版　中華民國八十六年六月

編號　E 19030

基本定價　叁元貳角

行政院新聞局登記證局版臺業字第〇一九七號

ISBN 957-19-2113-0 (平裝)

「生死學叢書」總序

兩年多前我根據剛患淋巴腺癌而險過生死大關的親身體驗，以及在敝校（美國費城州立天普大學宗教學系所講授死亡教育(death education)課程的十年教學經驗，出版了《死亡的尊嚴與生命的尊嚴——從臨終精神醫學到現代生死學》一書，經由老友楊國樞教授等名流學者的強力推介，與臺北各大報章雜誌的大事報導，無形中成為推動我國死亡學(thanatology)或生死學(life-and-death studies)探索暨死亡教育運動的催化「經典之作」（引報章語），榮獲《聯合報》「讀書人」該年度非文學類最佳書獎，而我自己也獲得「死亡學大師」（《中國時報》）、「生死學大師」（《金石堂月報》）之類的奇妙頭銜，令我受寵若驚。

拙著所引起的讀者興趣與社會關注，似乎象徵著，我國已從高度的經濟發展與物質生活的片面提高，轉進開創（超世俗的）精神文化的準備階段，而國人似乎也開始悟覺到，涉及死亡問題或生死問題的高度精神性甚至宗教性探索的重大生命意義。這未嘗不是令人感到可喜可賀的社會文化嶄新趨勢。

配合此一趨勢，由具有基督教背景的馬偕醫院以及安寧照顧基金會所帶頭的安寧照顧運動，有了較有規模的進一步發展，而具有佛教背景的慈濟醫院與國泰醫院也隨後開始鼓動臨終關懷的重視關注。我自己也前後應邀，在馬偕醫院、雙蓮教會、慈濟醫院、國泰集團籌備的臨終關懷基金會第一屆募款大會、臺大醫學院、成功大學醫學院等處，環繞著醫療體制暨醫學教育改革課題，作了多次專題主講，特別強調於此世紀之交，轉化救治(cure)本位的傳統醫療觀為關懷照顧(care)本位的新時代醫療觀的迫切性。

在高等學府方面，國樞兄與余德慧教授（《張老師月刊》總編輯）也在臺大響應我對生死學探索與死亡教育的提倡，首度合開一門生死學課程。據報紙所載，選課學生極其踴躍，居然爆滿，出乎我們意料之外，與我五年前在成大文學院講堂專講死亡問題時，十分鐘內三分之一左右的聽眾中途離席的情景相比，令我感受良深。臺大生死學開課成功的盛況，也觸發了成功大學等校開設此一課程的機緣，相信在不久的將來，會與宗教（學）教育、通識教育等等，共同形成在人文社會科學課程與研究不可或缺的熱門學科。

我個人的生死學探索已跳過上述拙著較有個體死亡學(individual thanatology)偏重意味的初步階段，進入了「生死學三部曲」的思維高階段。根據我的新近著想，廣義的生死學應該包括以下三項。第一項是面對人類共同命運的死之挑戰，表現愛之關懷的（我在此刻所要強調的）「共命死亡學」（destiny-shared thanatology），探索內容極為廣泛，至少包括（涉及自殺、死刑、安樂死等等）死亡問題的法律學、倫理學探討，醫療倫理（學）、醫院體制暨醫學教育改革課題探討，（具有我國本土特色的）臨終精神醫學暨精神治療發展課題之研究，老齡化社會的福利政策及公益事業，死者遺囑的心理調節與精神安慰，「死亡美學」、「死亡文學」以及「死亡藝術」的領域開拓，（涉及腦死、植物人狀態的）「死亡」定義探討，有關死亡現象與觀念以及（有關墓葬等）死亡風俗的文化人類學、比較民俗學、比較神話學、比較宗教學、比較哲學、社會學等種種探索進路，不勝枚舉。

第二項是環繞著死後生命或死後世界奧祕探索的種種進路，至少包括神話學、宗教（學）、文學藝術、（超）心理學、科學宇宙觀、民間宗教（學）、文化人類學、比較文化學，以及哲學考察等等的進路。此類不同進路當可構成具有新世紀科際整合意味的探索理路。近二十年來愈行愈盛的歐美「新時代」(New Age)宗教運動、日本新（興）宗教運動，乃至臺灣當前的種種民間宗教活動盛況等等，都顯示著，隨著世俗界生活水準的提高改善，人類對於死後生命或死後世界（不論有否）的好奇與探索興趣有增無減，我們在下一世紀或許能夠獲致較有「突破性」的探索成果出來。

第三項是以「愛」的表現貫穿「生」與「死」的生死學探索，即從「死亡學」（狹義的生死學）轉到「生命學」，面對死的挑戰，重新肯定每一單獨實存的生命尊嚴與價值意義，而以「愛」的教育幫助每一單獨實存建立健全有益的生死觀與生死智慧。為此，現代人的生死學探索應該包括古今中外的典範人物有關生死學與生死智慧的言行研究，具有生死學深度的文學藝術作品研究，「生死美學」、「生死文學」、「生死哲學」等等的領域開拓，對於「後傳統」(post-traditional)的「宗教」本質與意義的深層探討等等。我認為，通過此類生死學的種種探索，我們應可建立適應我國本土的新世紀「心性體認本位」生死觀與生死智慧出來，有待我們大家共同探索，彼此分享。

依照上面所列三大項現代生死學的探索，這套叢書將以引介歐美日等先進國家有關死亡學或生死學的有益書籍為主，亦可收入本國學者較有份量的有關著作。本來已有兩三家出版商請我籌劃生死學叢書，但我再三考慮之後，主動向東大圖書公司董事長劉振強先生提出我的企劃。振強兄是多年來的出版界好友，深信我的叢書企劃有益於我國精神文化的創新發展，就立即很慷慨地點頭同意，對此我衷心表示敬意。

我已決定正式加入行將開辦的佛光大學人文社會科學學院教授陣容。籌備校長龔鵬程教授屢次促我企劃，可以算是世界第一所的生死學研究所(Institute of Life-and-Death Studies)之設立。希望生死學研究所及其有關的未來學術書刊出版，與我主編的此套生死學叢書兩相配合，推動我國此岸本土以及海峽彼岸開創新世紀生死學的探索理路出來。

一九九五年九月二十四日傅偉勳序於

中央研究院文哲所（研究講座訪問期間）

「生死學叢書」出版說明

本叢書由傅偉勳教授於民國八十四年九月為本公司策劃，旨在譯介歐美日等國有關生死學的重要著作，以為國內研究之參考。傅教授從百餘種相關著作中，精挑二十餘種，內容涵蓋生死學各個層面，期望能提供最完整的生死學研究之參考。傅教授一生熱心學術，對推動國內的生死學研究風氣，更是不遺餘力，貢獻良多。不幸他竟於民國八十五年十月十五日遽爾謝世，未能親見本叢書之全部完成。茲值本書出版之際，謹在此表達我們對他無限的景仰與懷念。

東大圖書公司編輯部　謹啟

代序

屈指一算，已經超過四十個年頭了，我們兩人，因為同在東大文學部攻讀宗教學而開始交往。在他的記憶之中，最初是我先找他說話的。從此以後，因為兩人走的是相同的道路，我們有一段相當長的共事期。在這長期共事中，特別是他生命最後大約十年裡的作為，留給我深刻的印象，並且令我十分地感動。

所謂大約十年，指的是他罹患癌症以後。當時為了採取對策，他如何忍受痛苦，心裡如何盤算，書中有諸多詳盡的描述，已不容我再多置一詞。不過在此我想說的是，這段期間他所獲得的驚人成長。不過，這整個過程是難以用成長這種平凡的字眼來形容的。基督教聖人保羅曾在書簡上說：「往者已矣，正視前方重新來過。」用這句話來形容他，我覺得說他整個人因此而改頭換面，也決不言過其實。

我們彼此由於從事宗教學的研究，因而知道，可以從人類面對死亡這件事情上，獲得充實生命的生存方法。或許宗教式生存方法的奧秘即存在其中吧！道元禪師就說過，「在使命未完成之前，一切就當作無常吧！」一遍上人的生活態度是傾聽「臨命終時」這個聲音。德國著名哲學家海德格在其著作《存有與時間》裡說：「即使死亡就在身邊，也要努力活下去。」這些意味深長的話語，真教人記憶深刻。但對我們而言，這僅止於認知的層面，要真正落實在生活裡，並不是一件容易的事。

然而不幸地，他竟得了癌症，在不得不時常面對死亡的情況下，他的生活態度的確讓人刮目相看。他決不輕言放棄，冷靜地看待死亡，在堅毅之中浴火重生。他的生活方式，真是了不起，整個人像脫胎換骨般堅強的活著。雖然以前做為一個優秀的學者，他也表現得很出色，但是此刻他的生命已經很明顯地產生質的變化。在面對死亡之下讓生命更充實，這樣的生活方式，從那時起就成為他的生活信念。

有一件令我慚愧的事，在此不得不把它寫出來。有一次，我和他同坐在一輛車上。那時候是關於什麼事，我已全忘了，只記得我發牢騷地說了一句：「所謂人生一大事，只有現在才是最重要。」坐在旁邊的他應了一句：「嗯！可不是嗎？」後來發覺自己講錯了話，覺得十分慚愧。因為我只會數落他人，但是他卻知道如何經營每一天的生活。

他的生活信念，最大的特點就是從不沈醉在幻想之中。或許生活裡有不能讓人沈醉的理由也說不定。另外，對於不合理事物的批判，很早以來就成為他生活的基本態度。就這一點來說，他身為一個現代人是毫無疑問的。也是在這個層面上，他確立了一種現代人新的宗教生活方式，而且信念堅定、毫不動搖。他以研究宗教學為終生職志，不料在得到癌症的最後十年裡，他對生命的看法完全運用在自己的身上。其最大的意義是，他留下了一個新的、有宗教意味的生活方式的典範。

不幸的是，他終究還是逝去了。一九六四年一月二十五日，死於與癌症的搏門中。在送葬時，於家祭禮上摘取本書〈別離的時刻〉一文的精華朗誦，另外在正式的告別式上將〈我的生死觀〉一文印刷成冊分送給在場人士。通過這樣的追悼方式，他那種嶄新的宗教生活典範，便可以深深地印在多數人的心裡，或許今後更能形成深遠的影響也說不定！

增谷文雄

凝視死亡之心

目次

I

面臨死亡的心理準備

我的生死觀
——處於生命飢餓狀態下的身軀

◎兩種立場

在說到生死觀的時候，一般會出現兩種立場。第一種說到生死觀時，是暫時把與自己本身有關的問題拋開，以一般人的立場來思考死亡。這樣的話，即是一般性的、觀念性的生死觀。當然，自己也是一個人，就廣義而言，也包含在一般人（的生死觀）之中。這種生死觀也算有用，因為整理出包含自己在內的人類生死觀，在一旦面臨危難的時候，就可以形成基本知識的緣故。

但是，還有一種更切實緊迫的立場，即自己本身的心是處在生命飢餓狀態下的生死觀。那種由內心深處升起對受衝撞的生命的執著，思考著是否在面臨心臟停止跳動這種死亡威脅時，加以反擊。這就是處於坐立不安狀態下的生死觀，也可以說是在面臨死亡的關頭上，拼命地想要捉住什麼而掙扎著的自我之生死觀。

第二種立場上的生死觀，並不包含第一種立場，它有一種更強烈的要素在其中。因為人在健康的時候往往對生命充滿自信，在平安中經營每天的生活，完全也沒有想到會有變數。但一旦處在生命飢餓狀態下，就會出現強烈的生命欲。生命欲是生理和心理的一種力量，一直潛藏於人的心底而不相違，只是人們平常是毫無感覺的。要在面臨死亡威脅時，猛然間抬頭面對它，才會有強烈生存下去的執著，以及出現對死亡的恐懼。一旦加入此一要素，便會去思考人的生死觀到底是何本質？是否跟切身有關？這與第一種觀念性的立場是不同的。

人們會陷入生命飢餓狀態，往往只限於前赴戰場、罹患重病，連自我存續的生機都已不復存在的情況下，而且通常是在時間日漸逼近之時才會發生。即使生命處在危險之際，只要人們尚存有克服危險繼續生存的希望，就會把重點集中在希望之上。由於它成為人們的寄託，因此生命的飢餓感就不會真正出現。生命飢餓感的發生，必定來自於對生命的絕望，如死刑犯判決確定、神風特攻隊攻擊日確定、癌症患者被宣告藥石罔效等等。要在死亡迫近，完全絕望之意識佔據心頭時，突然間，內心陷入了生命飢餓狀態，而且那種對生命的執著，對死亡的恐懼，在心中升起，非筆墨所能形容。像這樣的生命飢餓狀態，其最大的特徵就是，不對生存感到絕望即無發生的可能。

生命的飢餓感，與生理上對食物的飢餓感酷似。當胃腸滿是食物時，就不會有飢餓感。當然，人即使吃飽了，依然能有些食欲。但是，這時候的食欲，不過是說出食物的味道是好是壞罷了，並沒有強烈的飢餓感。然而胃腸空無一物的人，必定會被胃痛所折磨，此時若單是以食物的美味可口與否的觀念來思考，一定無法明白其痛苦的。生命的飢餓感，在這裡也正是如此。不論是明天、後天，都認為能一直活下去的人，心中為生命所充滿，是無法體會到生命的飢餓感的。這樣的人即使思考死亡的問題，也僅是觀念性的，不會有被處於生命飢餓狀態下的生命欲所折磨的真切感受。

陷於生命飢餓狀態下的人，拼命地克制自己因恐懼而不停顫抖的雙膝，努力地與死神奮戰。他在觀念上的生死觀裡想追求的是什麼？無非是希望在面對如此直接而強大的、死亡威脅的攻勢下，尋找是否能有一股支撐自己的力量來抵抗。因為所有在這場戰鬥中派不上用場的想法或觀念，全都是無用且多餘的東西罷了！

◎生命的飢餓狀態

我自己也不是一開始就了解這樣的生命飢餓感。直到在外國醫院，從外國醫生那裡，在毫無心理準備之下面對著罹患癌症的宣告，這才頭一次感受到它。

「你的病症是惡性腫瘤。就醫學的角度來看，你的生命最多只剩半年。」

聽了醫生的宣告之後，我自己在震驚中陷入了這樣的生命飢餓狀態，而且從此幾乎將近十年與癌症持續不斷地搏鬥著，親身體驗這種強烈的生命飢餓狀態。

因為親身經歷過這樣的體驗，再一次環顧四周，藉著各種理由我可以了解到，陷於生命飢餓狀態、飽受心靈的折磨、因恐懼而發抖的人，的確相當的多！

在生命飢餓狀態之中，與死神的搏鬥，已經不單是觀念上的東西了。死亡的恐怖，在人的一切生理、心理的構造中，是隨著細胞一寸一寸地擴大。由於對生命的執著，當在抵抗迫近的死神時，那怕是一根稻草，只要能延續生命，也會緊緊地抓住。

而我自己的生死觀，即是採上述的第二種立場。最近十年來我面對著癌症持續不斷的攻勢，現在這種攻勢總算稍微地減弱了些。起初大約整整有半年的時間，我只能這樣子想，我是非死於癌症不可了。因此，我就像是一隻負傷的野豬般陷入了生命飢餓狀態，一直到今天，身體總算暫時穩定下來。

但，我在此對生死觀所作的思考是，人一旦處於生命飢餓狀態時，那些毫無助益的、觀念上的要素，都應該置之度外。因為當身處生命飢餓狀態下的我，無論何時何地都只能苦思死亡這個大問題。

若仔細思考，在生命陷入飢餓狀態時，雖然平常我們也會模糊地想到有關死亡的恐怖，但事實上，其中明確地隱含著二種不同的要素。其一是，死非僅是死，死亡一旦來到，人的肉體會產生痛苦，同時，在生命被截斷時，也會產生對死亡的恐懼。

其二是，在本質上，這二者（死亡與肉體痛苦）是完全不同的。因為這二者在時間上幾乎是同時向人襲來，所以多半的時候，它們被混淆在一起了。

當面對那些突如其來的劇痛、高燒、吐瀉、下痢、咯血、呼吸困難，這種種令人毛骨悚然的痛苦，人的血肉之軀往往就在這其中失去了生命。因此一旦人的意志被侵奪，在恐懼之中認為自己必死無疑，持這種簡單想法的人大概不在少數。

但是，這就像見到橫亙在前面的高山，人便頓失意志，一旦靠近真正的高山，才明白自己的想法錯誤。無論肉體如何痛苦，但都沒有比想到生命將被截斷的恐懼更甚者。在生命飢餓狀態下，人們無論如何努力，如何辛苦，所想的只是如何活下去。人們在這種狀態下，所希望的無非是能繼續活下去。就像是蘇聯的名作家Maksimgo´rkii在《夜之宿》中所描寫的歡場女子的告白一般：

「無論如何辛苦，只想活下去。」這應該是所有人的心聲。

但是在監獄的牢房裡，夜深人靜的時候，死刑犯一邊想著明天即將迫近的處決，一邊不由自主地撫摸著自己的脖子，這（與死亡）在意義上多少是有些差異的。這時候的肉體，成為生命斷絕的象徵。想到不久首級就要被繩索所纏繞，意味著生命即將消失。

因此，關於死亡的恐怖，往往因伴隨而來的肉體痛苦，將死亡本身這個東西給分開了。然而，死亡在此作為問題的中心，我們應該把焦點集中在「生命將被截斷」這個問題上。

所謂生命被截斷，到底指的是什麼？應該好好地思考一下。首先，人類肉體生命的結束是確有其事，如呼吸的停止，心臟不再跳動，肉體作為一個個體，其活動機能的消失。結果是，肉體或而腐壞，或而燃燒，變成各種自然要素而分解。

因此，所謂死亡就是肉體的分解，這在近代文化中，所有的看法都是一致的。

但是，作為構成生命體的人，不單單僅是生理上肉體的存在，至少在活著時，人也有精神生活的一面，這應該已是一般常識。像現在的人就有分別自我的意識，即是所謂「這個自我」。因此問題是人的這個「自我」，死後將會如何存在？便成為關心的焦點，這對人類而言也是一個大問題。

◎死後的生命

對於死後的生命如何存續之類的問題，有各種不同的說法，答案為何也是大家極為關心的。相信天國或淨土存在的信仰，這樣的解答方式頗為單純明瞭。當然，在天國或淨土的信仰中所描述的死後生活情形，不是就這麼簡單，更複雜而具體的感覺或感情生活是伴隨著對未來的憧憬而描繪出來。只是這些主要還是近代以前的事，在現代社會中，能夠對沒有具體事實的事物毫不懷疑地信仰的人，已然是少數了。但是對天國或淨土不再真切信仰的現代人，也無法對「這個自我」意識的存續與否，採取簡單的否定態度。這其中的種種見解，更是眾說紛云。

為何在這裡會成為問題？因為沒有其他事情會比死亡更讓人恐懼的。人們此刻會有「這個自我」的意識，主要原因就在所謂的死亡。人都想對死亡問題追根究底，可是當發覺「這個、現在、意識的自我」有被消滅的可能時，每個人都會感到愕然和恐懼的。再沒有比這件事更令人害怕的了，每想及此，都會讓人毛骨悚然。因此死後生命是否存續的問題，是應該好好地徹底分析分析。無論如何都要弄個明白，「這個自我」背後一直存在的個體意識。這就是近代的來世觀。

但它的意義又何在呢？隨著死亡而來的是肉體的腐壞，感官系統及神經系統的消失，腦細胞也自然分解。在所有的生理構造都消失後，若認為還有「這個自我」的意識存在的話，就顯得相當的勉強了。

這個問題在近代，我想其見解也是因人而異。就我本身而言，坦白的說，我是無法相信死後還有自我的。這種說法，怎樣也不能在我心中形成合理的解釋。縱使是因為害怕而毛骨悚然，我心中的知性，仍作如是觀。對我來說，死後除了肉體的腐壞之外，我認為「這個自我」意識也隨之消失。我本身對於死亡的認知，便是肉體與這個個體意識一同消失。

事實上我在幼年時是成長於一個虔誠的基督教家庭，我本身也一直如孩童般熱切地信仰著。但是到了青年時代，對於追求奇蹟式的、傳統人格神的信仰，說什麼也無法再相信了。這意味著棄神而去。同時對於死後還有所謂理想世界的天國或淨土之存在，也完全不相信。因此，當我的肉體逐漸死去時，所謂的個體意識，物質的也好，精神的也好，我認為也會隨之消失。會作出這樣的思考，毋寧是來自近代的知性。而這種思考方向，我認為是正確的。

由此看來，關於生死的問題，我是站在一個極難理解的立場上。因此十年來在生命飢餓之下，我所有的思考也都成徒然。但隨之而來的死亡問題，卻是令我須臾不能或忘，常常它就迫在眼前。死亡向著我正面撲來，而我又沒有死後還有生命這樣的信念來作為強而有力的武器，有的只是赤手空拳地站在死神之前。

在我還未罹患癌症以前，身體尚健康的時候，關於死亡的問題，我的見解就如上述一般。

因而也常受到傳統宗教人士的批判：

「你現在還健康，所以沒有死亡之類的真實感受，口氣如此強硬，等你實際面臨死亡時就知道。一定會與大多數人一樣，會去投靠神，相信來世，沒有死亡的存在。」

那時我在聽完訓斥後，往往提不出可以反駁的根據。如果真有那麼一天的話，我想說不定除了去依靠宗教之外，別無他途。不料當我真的罹患了癌症，在生命飢餓狀態下，我卻發現自己也沒這樣作。

當黑漆而幽暗的死神張著大口逼迫在我面前時，我依然站立。我的心，因執著生命而脹裂。如果我能相信死後還有理想世界的話，多少會快樂一些。想要從生命飢餓狀態的痛苦中解放出來，卻沒有適當的解決方式。如果死後真有生命，這種殘酷的、生命飢餓攻勢的利刃也一定會稍為緩和下來吧！

但是，我內心的知性強烈地向我召喚。就這樣妥協，你能心安嗎？所以再苦也不能妥協。事實上，在你的心裡，對於宗教所說的看法，那些證據，你也不能接受不是嗎？傾聽著來自心底的聲音，我自己為這種堅強的知性而感到自豪。所以，當處在飽受生命飢餓狀態的折磨之苦而無法解脫時，無論何時何地，我認為只要赤手空拳站在死神面前即足矣！

不過，於今想起，能夠採取這種明確的態度，雖然還在痛苦之中，但對我而言倒覺得幸福。如果心態不夠清楚，總是處在疑惑之中，那才悲慘呢！對於是否有天國的存在，在面臨死亡時，還不知如何選擇，焦急地左思右想。一旦到了這般田地，所謂的自我，可能就分裂為二、三個部分。果真如此，生命飢餓狀態愈是深刻，疑問也會擴大，自我的分裂愈是加深。多少年來，我常聽他人說，那些聽過高僧解說往生淨土的人，在自己面臨死亡時，對於是否真能往生淨土依然十分猶疑，當他還在徬徨是否真有淨土時，突然發狂而死。

◎死亡是「分離的時刻」

把死亡視為「分離的時刻」，對罹患癌症的我而言雖是極為困難，但我仍然清楚的認定它是一個明確的方向，並堅定地朝著這個方向，捨身般向前行去。

恕我再重述一次，並不相信死後仍有生命的我，萬萬沒想到會罹患癌症這樣的疾病，因而即刻陷入生命飢餓狀態，被迫站在幽暗的死神面前。對於相信有天國及淨土存在的人而言，死後的世界並不黑暗，而是一個實體，甚至是一個光明的世界。但是對我而言，死亡卻是十足的幽暗。

我在這種令人絕望的黑暗中，抱著必死的心情凝視著它。在這期間，我開始體認到一件事，所謂死亡，並非是一個實體，或是說它是一種完全不存在生命實體的狀態。我作這樣的理解。

生與死，其關係就如同光明與黑暗。作為物理上一種自然現象的黑暗，並非自體的存在，純粹只是因為沒有光亮的關係。在沒有光的地方就是黑暗。對人類而言，光就等同於生命。當生命消逝了，人就會感到黑暗。

認為死亡的幽暗並非實體，這種想法似乎沒什麼大不了的，但對我而言卻是一大發現。反過來說，人類事實上被賦與的，僅是這個所謂的實際的生命。人們反覆過著同樣的生活，卻從不曾懷疑什麼。對人而言，生命的全部就是一種實體。但是，人所能擁有的，也就是現在正活著罷了。人的壽命，五十年也好，六十年也好，這其中的每一天或任何一天，對全人類而言都是相同的實體生命，這樣的每一天也都一樣珍貴。即使壽命將盡，死亡日漸逼近，接近死亡的每一天也跟健康時的每一天同樣珍貴。對人類而言，在生命尚未消逝之前，最重要的應是珍惜生命，好好地活下去。所謂死亡，並非是另一個實體，也不是生命的替換，只能說它是實體生命不再存在而已。

作如是觀的我，開始認為對人而言最重要的事，莫過於將上天賦與的人生好好運用，而且開始思考如何好好地活下去。無論罹患什麼疾病，即使是瀕臨生命的終點，對每個人來說，這每一天的生命，其重要性是無可取代的。就是再難過，再痛苦，除了將天賦的生命盡力活到最後一刻外，對人而言，應該是再也沒有更適合的生活方式了。

抱持著如此想法，在幽暗的死神面前赤手空拳的我，當大限來臨前，反而峰迴路轉，成為生命絕對肯定論者。在死神之前獲得重生，我於焉得以全新出發。

自此以後，我做為一個人，得以專心思考如何「好好生活」。但是，即使如此生活著，在某方面，畢竟還殘存著生命飢餓狀態。人在每天的生活中，當盡力經營生命的同時，也要有隨時面對死亡的心理準備。我站在努力經營生命的立場上，認為死亡是與生命的「分離的時刻」，為了使最後的別離劃下完美的句點，平常在心理上就不敢稍有鬆懈。

讓自己一邊處在生命飢餓狀態，一邊對於生命抱持肯定的態度，並以此作為生活的出發點，我就講到這裡。總算能夠由此重新出發了，而我也不得不在文稿上作個結束。要如何使生命存續下去？在「分離的時刻」要如何面對死亡？諸如此類的問題容後再述，就此擱筆。

（昭和三十八年十月，刊載於同年十一月《理想》雜誌）

別離的時刻

——面對死亡的心理準備

◎終究是要走的路

七年來我頑強地與不斷復發的癌症搏鬥著，此刻死亡的陰影若隱若現地在我面前出現，逼得我正面地與生存作競賽。其結果在我心中，產生了一個解決死亡問題的想法。這個概念上的思維，是針對著一般性的死亡而言，並非只是像我現在所面臨的，個人的死亡問題而已。

人類無論如何，總會與死亡相遇。要如何去面對死亡？面臨死亡時心理的準備又如何？這些都是我思考的方向。

無論是誰，都有死亡的一天，然而死亡卻是可怕的，如果能夠避免的話，每個人都會設法去避免。但是在害怕死亡、忌諱死亡之中，現在的人多數對於死亡並沒有根本解決之道，也都在沒有任何準備之下面對死亡。古人曾說：

終究是要走的路，心裡早已有數，非始於昨日或今日。

因此對於死亡問題，若只是毫無解決之道地日夜受其困擾，那麼日常生活便將籠罩在愁雲慘霧之中，而最後弄到束手無措，也是必然的。

但是，在另一方面，所有活著的人此刻並不煩惱死亡的問題，而且大部分的人尚且忘了有死亡這一回事。平常健康的時候，若曾被死亡所困擾，也是因為自己還能活著的緣故。人們對於活著是毫不懷疑的，是有自信的。那實在是可怕的自信，完全沒有想到自己終有死亡的一天，人生如果能夠這樣就好了。

這樣說來的話，為何死亡對人而言會是個大問題呢?死亡對人而言之所以是大問題，乃是指期望活下去的生命欲受到威脅之故。死亡是人類想要生存下去的欲望受到當面的阻擋了。

人類最基本的欲望有生存欲、食欲等。當吃飽的時候，人就不會再有食欲，即使美食當前，也不會多看一眼。但是肚子空無一物時，就會有食欲，想去吃東西。食欲就在肚子餓的時候產生，生存欲也跟食欲有著相同的機能。人在健康生命不受威脅時，對於生命的問題往往不會有深刻的感受。而且，人們多半的時候往往忘記有生存欲的存在。

人的生存欲是在何時顯現的呢?就在生命受到威脅的時候。假如在聽到你的生命只剩半年可活的那一瞬間，說不定生存欲便會源源不斷地湧現。當死亡以其姿態出現在你面前，擋住你的去路時，往往你自己就先被消滅了。人類在死亡的陰影前，一定會有深刻的苦惱，就如死刑犯所面臨的痛苦一樣。一般人即使平時有概念性的理解，但對於這種痛苦也缺乏直接的體驗。

◎死亡的黑影

我的生命便是受到了如此的威脅，使我不得不以認真的態度來看待死亡的問題。這期間我不斷地思考著有關死亡之事。

七年前我在美國，從來也沒有想到我會罹患癌症，這種令人聞之色變的黑色腫瘤。診斷的醫生說，立刻進行手術的話或許還有一線希望，並向我宣告最多只剩半年的壽命。這對我而言，簡直就是晴天霹靂。

所幸手術還算成功，我得以繼續活下來。但由於這個大手術在我的左頸部留下一個難看的疤痕，正如上述般，讓我鎮日苦惱不已。這期間，癌症頑強地不時復發，往後的數年裡，又動過大大小小不下二十次的手術。後來只要聽到還要開刀，想起手術的情景，每一次都會令我血脈賁張。死亡的巨大黑影，無情地在我眼前罩下，伸著它的黑爪，向著我襲來。對我來說，死亡早已不單單是觀念性的問題，而是深入我直接的經驗世界之中。

在這種情況之下，我應如何看待死亡？這個問題深深困擾著我。如果不能弄清狀況，我的心是一刻也不能平靜的。

身為諸多宗教的專門研究者，我對各種宗教的表象也好，內涵也好，尚略有所悉。世間所盛行的宗教，關於死後世界有諸多的描述，如天國、地獄、極樂淨土等等。但是我對死後世界之存在，並不作如是觀。即使死亡已站在我的面前，我還是無法接受有那樣的世界存在。無論如何，如果真有死後的世界，我想心情或許會快樂些吧？但是不管怎樣去想像，我依然得不出死後世界存在的證據。我除了懷疑之外，別無對策。

死後的世界，我不能相信離開自己的肉體還有靈魂的存在，所謂死便幾近於無。這個自我，死亡以後就消失了。偏偏這一點又是我所在意的，對我而言，想到死後自我便即消失，還是會令人感到毛骨悚然。我從這個角度去思考死亡這件事，實在理不出頭緒，有的只是恐懼。

那時候，在我的心裡有兩件事逐漸明朗。其中之一是，人對於所謂無這個東西，是無法思考的。人類所能知悉的實際經驗，僅限於自己的生活。人的意識經驗，對於完全的死亡狀態，即使能作概念性的思考，也無法獲得實感上的思維。在無法思考死亡的情況下，人一旦遭遇死亡，也只能勉強去想像。因此，能不恐懼害怕嗎？

◎戰勝死亡的恐怖之道

關於這一點，首先我們必須注意的，一個活生生的自我，在思考死亡課題時，是不能從將自我和一無所知的死亡結合在一起的角度去思考。那麼，要用什麼樣的角度去思考才好呢？對人來說最令人恐懼的，並不是死後世界的存在與否，而是當生命欲被這種不確定性所壓抑，勉強說服自己相信有它的存在，但是又因疑惑而產生種種的煩悶，這才是最悲慘的，不是嗎？與其左思右想不得其解，說不定我早就可以決定該往何處去了。所以，何不作最壞的打算，認定死後的世界是不存在的。不尋求任何依靠，不預設任何目標。認為即使死後還有所謂極樂世界的想法，也沒法拯救自己。首先要考慮的是，能經得起這樣的考驗。因為死後的世界不知為何，因此只有在這個認知之下，才能與自己的生命欲、生命飢餓感戰鬥。

所以，當我得知罹患癌症期間，支撐這個生命的，就是與生命欲望的戰鬥。在我剩下的時間裡，我想只有盡可能的充實生活。如果讓生命洋溢著充實感，不就能戰勝死亡的恐怖了嗎？

我幸運的是，除了癌症以外還算健康。之後，我拼命地工作。「那傢伙就像是一頭受傷的野豬，那樣不顧一切地往前衝，就算有危險也靠近不了他。」有人在我忙得不可開交的時候這麼說。除了不斷地接受手術，我幾乎每年都會出國去，並不迴避諸多煩人的工作。拼命工作確實也是一個解決的方式，因此，即使到現在，罹患癌症這種所謂宿命疾病的我，依然把生活當作是一件大事。在癌症不斷地刺激之下，這乃是我一貫的生活態度。

但是，即使這樣，很努力地生活，我只要有空的話，就會思考死亡到底為何？可是依然一無所獲。當我被這個問題所困擾時，在一次偶然的機會裡，一個關於「死亡」的想法讓我眼睛為之一亮。引起我注目的是，目白日本女子大學創立者成瀨仁藏的書。成瀨先生罹患肝癌，醫生隱瞞其病情，但他卻清楚自己所患的疾病。在瀕臨死亡之前，成瀨先生坐著輪椅從醫院被送到女子大學的講堂上，在全校師生面前舉行告別演講。這場演講，聽說對聽眾造成極大的震撼。大約在二年前的某一天，我受邀參加女子大學成瀨先生紀念會的講演，為了準備，我讀了成瀨先生的書。那時候，我突然發現「別離的時刻」這件事。

所謂死亡，對人類而言，不正是重大的、與全體的「別離」嗎？作這樣的思考時，我當下對死亡的看法，有了全新的體會。

◎死亡的心理準備

人在漫長的一生當中，一定有過一、二次不得不與長久生活的土地、親人別離的時刻，想著一輩子不能再相會，就一定要分離了。這個樣子的別離，通常有著很深的別離悲情。但是，在別離的時刻裡，下定決心分手時，一種如釋重負的感覺卻會油然而生。在人生際遇中的別離，對人而言，就是這個樣子。人都經得起這樣的考驗。

所謂死亡，難道不是這種別離的更大規模、更徹底的情況嗎？將死的人，一定要跟所有的人、一切的東西別離，這確實是一件殘酷、悲傷的事。但是，好好地想一想，死亡的別離，除了它所具有的全面性之外，其本來的性質，有時候和人們在人生中所面對和承受的別離並無不同。因此死並非完全沒有經驗，而可以以實質性的事物看待它。

對於死亡，若也能作這樣的心理準備，難道就不能承受得起嗎？一般別離的時候，人們都會做種種的準備。心理有準備，就能經得起別離的悲傷。但是面對真正別離的死亡時，人們卻沒有做什麼準備不是嗎？反而儘可能不去想到死亡。普通的離別若沒有準備的話，心裡是無法承受的，更不用說，生死離別這種大問題，沒有準備的話，身心更是承受不住。那麼，何不下定決心來準備呢？

所以，不要以為現在的生活一定能持續到明天、後天，在快樂地看戲、下棋、研究、工作時，始終都要抱持著此刻可能是最後一刻的心理準備。如此點點滴滴地累積起來，應該能夠提升內心的準備。當這個心理準備十分充分的話，即使死亡來到，也就能夠毫不執著地將一切紛擾斬斷不是嗎？

當我們能夠如此關注心理的準備，心情就會相當鎮定。死亡這個東西，原本以為靠近不得而感到害怕，也就變得不再是絕對地不可碰觸了。應該說死亡已成為容易親近之物，能夠從容與之相遇。

◎生死離別的意義

這件事如果我們更進一步追根究底的話，便會面對所謂死亡這樣的別離與一般的別離有何不同的問題。平常別離的時候，與一向親近的人及社會分離，雖然也會難過，但是接下來的前途仍然在握。人可以一邊思考著未來的前途，一邊面對別離。但在面臨死亡的時候，死後的世界我們無從得知，也可以說，從無法想像死後之事的立場來看的話，這即是不知未來為何的別離，其中有很深刻的含意。如果以船離開碼頭的情況來比喻的話，雖有別離的事實，船欲往何處我們卻不知道，正因為這樣的別離而意義深刻。但是，我們如果徹底地去思考，我們無法知道死後的世界，同時唯有此刻的人生才是真正的人生這個問題時，將會發現，存在於人類意識裡的，最終不過是我們到目前為止所累積的經驗而已。我們所能知道的就只有這些，除此之外我們都無法瞭解。勉強地去思考未曾經驗的死後世界，會因無法瞭解而感到煩悶。而我們能夠煩惱的領域，也就只限於人類的經驗所帶來的煩惱而已。

這是不知航向何方的出航，自己的內心充滿了對生者的難捨。也正是由於對於所生長的世界離情依依，在最後反而能心平氣和地面對死亡，不是嗎？死亡就是這樣的別離，我即是採取這種思考模式。

我會有這樣的想法，也是最近的事。這是經過七年與死亡問題的搏鬥，才有今天的結果。在此之前的我，老實說，在死亡問題上，我是拼命地把視線移開，對死亡視而不見，一心只想著在生命所剩無幾的時間裡，儘可能地有效運用。我專心致力於眼前的工作上，讓每一刻時光都充滿生命的意義，試圖從死亡的恐怖、無的恐怖中逃離，為此而拼命地活著。

但是，當我從所謂「別離的時刻」的想法中覺醒後，對於死亡，我已不再逃避，而多少能夠試著從正面去凝視它。當我將「死」當作「無」去思考時，怎麼也無法擺脫以為死後自己的意識若消失的話，這世界也將消失的錯覺。但是，把死亡當成是與世間的別離時刻來思考時，無可諱言的，這個世界仍將繼續存在，而已告別了的自己，不過是即將返回宇宙原靈中，進入永遠的休息狀態。對我而言，這種想法最起碼已成為面對死亡的一大轉機。

「別離的時刻」終有一天會到來。不久，當這一刻來臨時，我就要與大家道別。然而能夠帶著一生的回憶，想著尚活著的人以及人生之樂而離去的話，那麼，那種一味埋頭苦幹的方式，並不一定就是充實的人生。那雖也是一種人生，但能夠在平靜之中玩味人生的生活方式，有時說不定更能真實地掌握人生。以前，為了要掩飾面臨死亡時不知如何是好的恐懼，一個勁的拼命工作。但是現在卻不那麼恐懼了，而認為平靜一點的生活難道不是真正的人生嗎？今天的我，正是站在這樣的立場。

一想到有這個「別離的時刻」，自己每天的生活態度自然而然就會警覺地嚴肅起來。同時，在我這種生活方式的背後，存在著癌症的陰影，才使得我能夠真實地、好好地過著人生。託癌症的福，我感覺是在真正地活著。

（昭和三十六年七月十六日NHK電視頻道播出）

我心中的宗教

◎立於死亡之所，方知生命尊貴

成書於德川時代的《武道初心集》一書，寫的是作為一個武士應具有的人生觀，寫得很好，很容易了解。卷首第一頁寫道：

> 武士也者，從正月初一早晨動箸吃年糕開始，一直到這一年除夕夜，都要日夜常懷死亡之心，應以此為第一要意。

至今為止我雖然不常看這類書，但是念到這段文字時，心裡還是震盪不已。這本《武道初心集》乃是闡述武士要在這世間生存下去所必須採取的態度和心理準備，它一開始便讓閱讀者置身於人類的緊要關頭——死亡之前，首先寫道人要有探討死亡、面對死亡的心理準備。此書雖然提出了死亡的問題，但並不去探討人死後的問題。它先闡明人要永遠立於生死關頭，且不可或忘；同時，對於這樣的人生，身為武士者要如何才能好好地活下去呢？這一點，頗能引起我的關心。此書之後所敘述的，事實上是封建時代儒家色彩濃厚的忠孝思想，我對此就不感興趣。但是，它將人的生命直接帶到面對死亡的境地，因而得以了解生命的尊貴，並在這個層面上，思維人間的生活，這一點正合我心。

我是對所謂的武士道並不太了解的現代人，但是，因為自己本身已經和癌症搏鬥了八年，其間歷經大小數十次的手術，時常感到與死亡照面，因而不期然地，在這一點上與此書有相同的感觸。

由於這種經歷的結果令我感受深刻的是，知道人生的尊貴，以及人的生命是何等重要！立於死亡之所，方知生命的尊貴，並下定決心，對人生重新評估。再次地說，就是立於死亡之所時，心中雖有諸多痛苦，但我的實際經驗告訴我，人為了生存下去，所該煩惱的並非死亡問題，而應時常思考這個寶貴的生命，要怎麼辦？如何生活下去？也就是只要一息尚存，如何好好地活到最後一刻？

我本身因從事專門研究世界各宗教的工作，所以當自己被驅趕至生死存亡的關頭時，也想瞭解在這個問題上，到底那些宗教如何解決，而查遍了各種宗教的教義。結果得知雖然多少有些例外，但對於死亡，傳統宗教的教義和解決方法，都可歸結為一種類型，而且也僅有一種。那就是，依宗教的種類，其說明的方法容或有所差異，但都同樣主張人的生命在死後依然繼續存在。所謂這個自我，即使在這個地上的世界死亡，但實際上並未消失。對此提出種種的說明，以使人們接受。並且在死而不亡的前提下，嘗試解決活著的人的生死問題。它們多將其與人活著時無法實現的理想，以及可以滿足此一理想的理想世界之夢相結合，主張死後可以活在永遠的理想世界中，而這要比人世間的生活更為重要。

這樣的思考方式無法論定它是好是壞，不過由於面臨死亡是難以言喻的痛苦，所以能夠相信這樣的教示而死去的人生也是好的。但是，我心中說什麼也無法接受這種說法。不僅是我內心如此想，我認為現代人之中與我同樣無法接受的人，一定也很多，不是嗎？

所謂死亡，至少是人類將失去肉體，眼、耳、鼻都消失，思考事物的大腦也會死亡。在這種情況下，自己這個所謂的個人的意識，難道還能殘留嗎？人在與死亡面對面時，強烈的生存欲與激烈的恐怖感將逼迫著人心，所以當事人希望自己死後可以繼續存在的想法，也是情有可原。但問題在於這要如何讓現代人相信呢？我想現代人大概很難接受。對我而言，我只能設想我個人的生命力在我死後將融入大宇宙的生命力之中。換言之，我這個個人與死亡一同消失。

將自己死後作如是思考的話，那麼對自己而言，所能掌握的只是現實的這個世界，這個實際的人世間，以及現在保有的這條生命。雖然會令人感到恐懼，但清楚而不欺瞞地意識到這件事，這就是我日常生活的宗教出發點。

我現在活著，還可以活著。此外，許多和我一樣擁抱著寶貴生命的人們也都活著。其中有我所愛的許多人，四周則是自然世界。我所擁有的，也僅是如此。我怎麼也無法相信死後還有理想世界再次等著我們，這種老舊的、空頭支票般的教示。正因為如此，對我而言，此生此世，這個地上世界的人生，才變得至為重要。而平時的生活裡便必須有所準備，當最後死神來臨時，可以從容地與這個世界道別。如果決定如此做的話，我必須以怎樣的心理準備來過此人生呢？這就是接下來所要面對的問題。

◎專注地活著

對我而言，所謂死後存在生命的想法，完全不足以依恃，能依靠的僅是這個現實的世界裡的生命。因此對我本身來講，這個實際的生命是尊貴的。而且不僅是我自己本身的生命，所有活著的人的生命也都是尊貴的。因此，我想縱使賜予我的這個人間生活已所剩無幾，但也不能加以輕忽。無論境遇如何，這個人世間的生活都一定要好好地、幸福地過下去才行。不過如果我只是期盼自己的幸福的話，那麼說不定就變成只顧自己的利己主義了。因此我相信若能將人們的幸福也像自己的一樣重視的話，就某種重大的意義上來說，幸福地活著與否，對人類而言將是最終的問題。

但是，所謂真正的幸福，到底意義何在？人類的幸福，其實是頗為複雜的，需有很多的要素配合在一起，幸福才能被建構起來。不過，一般人所認為的幸福，似乎多是容易受傷的、表面的幸福。想知道它是否為真正堅強可靠的幸福，只要使其面對死亡，便可看得一清二楚。

例如，所謂財富、地位、名譽等等社會條件，確實是創造幸福的要素。此外身體健康、智慧、才能、美麗的容貌等等個人的條件，也是構成幸福的要素。對人類的幸福而言，這些都是重要的要素，這一點是千真萬確的。因此大家都嚮往財富與美貌，也是理所當然。但是，若只對這些外在要素存著依賴的心理的話，這種幸福將很容易破碎。一旦將這樣的幸福置於自己即將死亡之事實前來看，就再清楚不過了。在此之前那些閃爍耀眼的東西，光芒將急速消失，顏色也會褪去。金錢買不到生命，社會地位也無法回答死後的問題。但是，這種容易受創的幸福若能再加上一根堅強的支柱，便可以成為堅強可靠的、真正的幸福。這支柱是什麼呢？對我來說，這個支撐的要素，便是能夠感受到生命的意義。只要能感受到生命的意義的話，雖然只是外表上的幸福，我想也能轉變為堅實可靠的、真正的幸福。以生命意義的感受補強的幸福，即使面對死亡的恐怖挑戰，也必能表現出堅強的抵抗。

那麼，人類要如何才能在自己的生活中，產生這種生命意義之感呢？我最初以為是拼命努力工作。拼命又拼命工作，直到精疲力盡為止。而一旦力氣用盡像死了般倒臥時，在疲憊至極的身體底層，便能感覺到一種無法言喻的生命實質感，我於其中得以發現自己生命的意義。事實上，我置身於與死亡面對面的狀況下，數年間就是這樣活過來的。我以其中所感受到的生命實質感，當作自己生命的意義，因此支撐著活下來。但是，經過許許多多痛苦的經驗，我想在這幾年生活的歷程中，心胸也能一點點地打開，而逐漸體會到所謂生命的意義，不必然只是拼命工作這一項而已，不是嗎？原本自己以為只要拼命工作即可，但仔細地反省後，發現其實那並非只是無目標地亂衝，而是因為有一個方向，並逐漸了解到以往乃是擁有一個目標，並朝著它拼命努力。正因為有了目標，至今也才能努力工作。從這裡我才看出，並非拼命工作這件事成就了生命意義，而是由於朝著一個方向，勇往直前所致。也就是說，我察覺到所謂生命的意義，無寧是在於掌握一個目標，並對著它專注邁進。

在這樣的認識下，心情能否不像一頭受傷的野豬般只是四處亂衝亂撞，而能夠朝著一定的方向堅定不移，便成了重要的問題，亦即是否能夠使自己專注於一個目標。只要能夠使自己專注，便能感受到生命的意義和真正的幸福。但是，若無法專注時，心中便提不起勁，也就會失去生命的實質感。其次可以察知的是，一旦自己能如此專注地埋首於一個目標時，必能感覺到自己可以對它全心全意地付出。自己的生命一旦能全部對之奉獻時，人便可以感受到最強烈的生命意義而掌握真正的幸福。從這裡去思考，其中似乎存在著人類生活不可思議的策略。對自己而言，生命是最重要的，但是若能捨棄這個最重要的生命時，反倒能從自己的生命之中感受到最強烈的生存意義，以及自己是最幸福的。

所謂「捨身才有活路」，想來就是如此吧?‧而且，這是自己的事，並非能否欺騙誰的問題。這是直接的、自身經驗的問題。假設，能欺瞞他人的耳目，裝作已全心投入，而實際上，自己卻並未過著專注的生活的話，就無法從自己內部發現生命的意義，相對地自己也不能感受到幸福。在這層意義上，我想也許可以說自身的幸福，就近在自己身邊。但是，如此一來，就非得有值得努力專注的目標不可。而這個目標，又是什麼呢?

◎工作所擁有的使命

有一艘搭載數百人的大船就要沈沒了，船長讓乘客及船員全部坐上小艇逃生後，獨自登上船橋，而後與沈船的命運共進退，沈入海底。

這一幕情景，顯得多麼崇高。相信沒有人內心不被它打動。船長直到最後一刻，只要他還活著，便不使擔負沈船責任的姿態有所崩潰。在這齣悲劇之中，船長在人生最後的剎那，是品味著真正的生命意義而死去的吧！

人的幸福就來自於全神貫注，而可以讓人如此專注努力的目標，到底又何在呢？我認為這個目標便是工作，也就是完成自己被分派的工作使命。我用工作一詞，並不只限定在狹義的職業上。當然所謂的工作也包括職業上的，但並非僅止於此，而是以每個人所被賦與的事物來定義的工作。對藝術家來講，藝術作品的創作就是工作；對運動家而言，運動比賽就是他的工作；對家庭主婦來說，養育小孩，料理家務，就是她的工作。所以，工作的內容與性質，是因人而異的。就我來說，因為我是個學者，研究便是我的工作。

我所謂的工作，說的就是這個意思。而且我以為可以讓人們全心投入其中，以找出生命之意義的目標，便是這樣的工作。對此一工作的性質仔細地分析，找出其意義的話，可以發現它是連繫著人們真正的幸福的。當然，這個所謂的幸福，不僅僅是指自身的幸福，也包含全人類的幸福在內，是廣義的幸福。

就以一個簡單的例子來說，我們不妨想想看，一個以手工製鞋維生的鞋店老板，如果隨意製造的很多鞋子，都能賣得很好，並換成金錢，像這樣的話，製鞋這件工作，大概就不會成為他專注投入生命的工作。但是，如果鞋店老板以消費者的幸福為中心理念，努力製鞋，就算以同樣價格銷售，但他以穿鞋走路的人之心情愉快為考量，來製造優良的鞋子，也就是說以不易損壞、耐穿、強韌的目標來製鞋。假如他心存這樣的想法，很用心地製鞋的話，製鞋這件事，也就和提高他人的幸福有了關連，而且變成了能讓自己專注投入的高尚工作。這個製鞋商，在製鞋當中，便能充分感受到生命的意義。

像這樣藉由全心投入自己身旁的工作，就能達到真正的幸福。這樣做並沒有什麼困難，而且我認為其實是順理成章的事。但是，我發覺人們並不瞭解這一點，也不去注意它。特別是在現代社會中，由於受特殊的社會形態影響，一般的市民，往往有看不到人類工作之意義的傾向。我想，這裡存在著值得探討的問題。

在此我並不是要批判現代社會如何如何，或資本主義如何如何。但是此處關係到人類幸福的問題，我覺得有必要進一步說明。

在現代產業型態之下，分工制度極度發達，結果工作已變成極端的部分性與片斷化。在這種情況之下，對於其中工作的人來說，工作的整體意義已完全看不到。更有甚者，在資本主義制度的運作下，將人的片斷工作換算成貨幣價值，這樣一來，人類便陷入一種錯覺之中，以為人的價值就只在於所被換算成的貨幣價值，並產生只為目的而勞動的錯誤觀念。這種喪失了人類本性的現代上班族之劣根性，其來源便在於此。其實人們大可不必如此，人類的工作，一方面雖然可以被換算成貨幣價值，但是另一方面，它也必定具有與其平行的、更為鮮明的人生意義。即使實際上所從事的只是部分性的工作，但從整體上綜合去看的話，它應該是為了提高人類生活幸福之綜合性工作的一部分。即使是片斷的工作，但如果能理解其在整體上的意義的話，也就有了人生的意義。而能否明白這一點，正是問題的關鍵所在。

因此，若能看出工作所蘊含的人生意義的話，人就能朝著它，投入自我。如果真正地投入自我，便能在其中找到生命的意義。全心全意投入工作，由此所產生的強烈的生命意義感，即使面對死亡時，也能展現出堅強的力量。有人說武士是把捨命戰場當作是榮譽；演員則把倒在舞臺當成夙願。即使在今天，對所有人類而言，如果能夠死在自己的工作崗位上，應該可以說是他個人的幸福。我便是這麼認為。也就是說，對人類而言，在自己身邊的工作之中發現意義，而全心投入，這裡就有著人生真正的幸福。對於正與死亡面對面，並且不依靠所謂死後生命的我來說，人類問題的解決之鑰，正在於此。這就是我的宗教，這就是我每天尋求活下去的心情。

（昭和三十七年七月十二日至十四日，在ＮＨＫ「人生讀本」廣播頻道播出）

II

與癌症的搏鬥

在美國與癌症搏鬥

◎不知情的電話

我對這件事全然不知情。那就是聽說在前一天，一九五四年九月十七日傍晚，W教授夫人接到了S醫生打來的電話。我當時正住在W教授大房子的二樓。我是以客座教授的身分停留在史丹福大學，而受到W夫妻的照顧。打電話來的S醫生，我常受其診療。S醫生說道：

「現在你身邊有沒有其他人？在電話中談事情有沒有關係？」

聽說他如此叮嚀著。聽到W夫人回答說只有她一個人在沒關係後，他便說：

「是這樣子的，剛剛外科醫師克理斯曼博士通知，意外發現岸本先生左頸部的硬塊有癌細胞。由於事關重大，必須採取最適當的處置。」

W夫人在聽完上述電話後，身體不由自主地顫抖了約十五分鐘。

那年的四月左右，我在史丹福突然感覺在左頸部靠近下顎的地方，有異常的硬塊。好像是肉瘤變大的如雞蛋般大小的硬塊，即使用手指頭觸壓，也沒有疼痛或其他感覺。為此去請求S醫生的診察，並試著服用各種鏈黴素藥劑，但經過幾個月，硬塊依然存在。雖然並不特別耽心，但是為慎重起見，還是決定把它摘除。

我抱著很輕鬆的心情，入院三天作切除手術。而在那之前幾天出院。

聽說癌症原則上並不會自淋巴腺原發產生，而是淋巴腺一旦感染到原發於其他地方的癌細胞，本身就會腫脹起來。我左頸部的淋巴腺，由於已經腫脹將近半年，那麼便不得不懷疑在身上某處已經有相當程度的原發癌。這個原發癌，到底在那裡？儘快將其找出來，加以治療是當務之急。說不定已經相當遲了。

而且，若不讓我知道罹患癌症，到底是否能令我充分接受醫學上的診察和探索呢？這是一個問題。

那一天晚上，W夫人與招聘我至史丹福大學的哲學系主任科興教授、S醫生，以及克理斯曼博士幾個人之間，私下在電話中反覆地商量，最後得到一個結論，那就是我必須能夠積極努力地尋求治療，這在當時來講才是最重要的。

聽說即使在美國，罹患癌症這件事，也不輕易對患者告知。不過據說科興教授堅決表示，因為岸本教授不會有問題，而且為了有效治療，最好還是清楚地說明。

就這樣決定，第二天由克里斯曼博士親口、直接地向我宣告罹患癌症。

◎癌症的宣告

隔天，我原本是為了手術傷口的拆線，約好到醫院去。我一點也不知情地，像以往一樣進了診療室。身材高大，猶如電影明星般英俊的克里斯曼博士，用和以往稍有不同的嚴肅表情等著我。

傷口的拆線工作輕鬆熟練地完成後，克里斯曼博士便特意問我是否身體那邊還會感到不舒服？胃部覺得如何？胸部會痛嗎？有否咳嗽……等等。並且說想對我的全身作慎重的檢查。我順口回答，身體的狀態perfect（很好），沒什麼異樣。隨後，我反問他，為什麼要這麼急著檢查？克里斯曼博士便一字一句仔細地說道：

「這個若只是單純的淋巴腺腫大，就沒什麼問題。但是，這卻是有增殖性的……。」

之前原本極為輕鬆的我聽後吃了一驚，且馬上閃過一個念頭。就問他說，難道是癌症？

「是的，有充分的理由做這樣的懷疑。」

這對我而言，正是癌症的宣告。依照克里斯曼博士的說法，最壞的情況是我的生命大概只剩半年。不過這還要看原發部位何在，以及是何種性質的癌症而定，也有希望轉為較好的情況。

癌症的宣告，對我而言完全是出乎意料之外，簡直是晴天霹靂。雖然當時我知道被告知了對我來講是非常重大的事，但由於事情太過嚴重，心中頓時不知所措，一下子還無法清楚理解它真正的意義。

從醫院回來的車上，突然發現到，自己整顆心已是異常的緊張。不過是一個小時之前，在來醫院的路上，還有著開玩笑般的舒暢心情。現在坐在同一部車裡，卻發現自己彷彿是另外一個人似的，心情有一百八十度的轉變。

那一天，在某名的緊張中忙碌地過去了。向史丹福大學的同事們報告了此一情況，商談善後對策，與日本友人見面並接受安慰，時間就這樣在慌忙中渡過。不久，夜晚來臨。晚飯後，回到自己的房間，就只有我自己一個人了。

這是在異鄉寂寞的獨居。我寄住的W教授家，是一棟大房子，我借住二樓的二個房間。雖然教授一家人非常親切，但是對我來說，還是不習慣這種不自由的獨身生活。

這一天的這個夜晚是最重要的關卡，一個巨大的勝負關鍵。

上了二樓，關上房門，就剩獨自一人了。在偌大的房間裡，感覺好像就自己一個人被丟下。這樣一來，事態的嚴重性便以強烈的真實感向我襲來。

眼前沒有比今夜是否能入睡更令我掛心的。看來由於情緒還是很激動，說不定一整夜是無法成眠了。到天亮前好幾個小時都得在黑暗中睜大眼睛的話，將會如何呢？身心必然深受影響，而身體和心理卻一刻也無法休息，維持緊張與疲憊的狀況，直到第二天早晨到來。而且，也許明晚還是不能入睡。這樣的夜晚，連續幾天的話，說不定我就受不了了。就算照醫生說的，在肉體死亡之前還有半年，但精神方面恐怕就沒有半年了吧？

今夜能否入睡，將成為今後與癌症一戰的關鍵。我認真地這樣想。因此，我想無論如何，自己的心要平靜下來，今晚非得睡著不可。

首先，我在浴缸內放了熱水，然後悠閒地入浴。沐浴對放鬆心情是很有效的。

從浴室出來之後，在地毯上雙腿盤著坐禪。不過大約只坐三十分鐘，一邊試著數息觀，一邊靜坐不動。我從青年時代開始，多少去過禪堂。這半小時的靜坐乃是之前未曾體驗過的，其中包含著淒愴感的真正禪坐。即使是平常獨自靜坐，依我的經驗來說，心情慌亂時，並無法持續太長時間。總之，我對能在三十分鐘左右的時間裡安詳靜坐的自己感到滿足，之後就上床去了。

如果就這樣，其他什麼也不做就去睡的話，我的心境，或許就可說是十分非凡的吧！

但是，事實上，我上床前還是服用了安眠藥。不過，有趣的是，只吃了一粒。這種安眠藥，照慣例不吃三顆是沒有效果的，只吃一粒，應該沒什麼作用。之所以有這種含糊的作法，乃是因我心裡有二種想法相互爭戰的結果。一個是，今晚無論怎樣都睡不著的話可就糟糕的想法；另一個心理是，面對這個考驗自己的機會，服用安眠藥等藥物，是很懦弱的，我對自己這樣斥責著。就因為心思這樣搖擺不定，而變成只服用一顆來安心這種半途而廢的結果。

上床橫躺，緊繃的心情便鬆弛了下來。突然間，感到非常的疲憊，身心宛如棉花，甚至連自己都訝異怎麼會疲倦到這個地步。一邊將無力的、似鐵般沈重的手腳在床上移動著，邊試著回想今天一天的可怕事情，不知什麼時候終於悄悄闔上了眼。

不久，當回過神來，天已經亮了。睜開眼睛仔細一看，已是隔天早晨。我能夠睡得著了，心中不由得吶喊著：好極了！並得到確信般地，認為精神上的戰鬥便是如此，現在不會有問題了！

◎癌症探源

其後數日間，為找尋癌症的原發部位，而在體內到處探索。

在耳鼻科、齒科的診察上，都沒有發現任何異常現象。又作了全身X光的透視檢查，如頭部，從各個角度，照了將近二十張的X光片。從前一天晚上就先斷食，並喝下白色稠狀的鋇溶液，作胃腸的檢查。但是，那裡也沒有發現像癌細胞的東西。

最後終於檢查黑痣。醫生詢問身上最近有沒有發生變化的黑痣。經這樣一問，我才想起，左鬢角的頭髮裡一顆如黃豆般大小與生俱來的黑痣，表皮最近曾結成瘡痂後脫落，正好吻合這個條件。皮膚科的女醫師當場檢視後決定將其摘除做進一步檢查，因此接受了第二次的小手術。

手術後，克理斯曼博士為了出席在夏威夷舉行的全美外科醫學大會，不得不暫時離開。他動身前對我說，假如萬一在這個痣裡發現癌細胞，他回來後馬上就要做真正的手術。

幾天後，我去給年輕又有精神的代理醫生J診察。J醫師看到我之後，馬上從椅子上起身走過來，緊握著我的手說：

「我就照實告訴你，很不幸地，在切除下來的黑痣中，發現了非常惡性的癌細胞。我很遺憾，但希望你有這個心理準備。無論如何，我們會盡一切的努力。」

我聽完後，只得死心接受只剩半年壽命這件事。

所幸，我這一年的客座教授課程，已經結束，對於史丹福大學招聘的相對義務，可以交代過去。我在進退上會比較自由些。

當被宣告罹患癌症時，我第一個想到的問題便是，是否就直接舉白旗回日本去。剛好那個時候，同樣來自東京大學，才到史丹福大學不久的經濟學K教授，就成為我最大的依靠和商量的對象。

美國與日本的醫學，那一個比較好？就算美國的醫學較進步，但身為一個日本病人，在哪邊接受治療較有效果、較合適呢？關於這一點，要如何考慮比較好，對於醫學全然外行的我，一點概念也沒有。

美國的醫藥費貴得驚人是大家都知道的，那時候才想到自己忘了投保醫療保險。因此，住院和手術費用的問題，也不得不列入考慮。我也想到為了治病而留下龐大債務，我死了之後家人將面臨的處境。

但是，我想時間的因素更為重要。那時，綜合許多情況，我對手術已經不抱有什麼期望。總之一切為時已晚，即使是動手術，我想也不過是讓我安心而已。但是，儘管如此，手術還是有其時機。一失時機再作手術，也就全無意義了。聽說如果在這裡動手術，手術後一個月便能去旅行。只要手術沒有其他閃失，在死前也能踏上日本的國土。考慮許多的結果，還有史丹福大學朋友的勸說，我才下定決心在美國接受手術。

◎通知妻子

決定在美國動手術之前的幾天裡，我並沒有把這項壞消息告訴在日本等著我的家人。但是，要一直隱瞞下去也是不可能的。在受委託的公事上因有必要，我已經向東京大學Y總長報告一切實情。

終於我拿起沈重的筆寫信給妻子。

三世　十月六日(1954)

讀完這封信，我想妳一定會嚇一跳。這件事要如何讓妳知道才好?我左思右想，結果是不說不行，於是便決定寫這封信。

希望妳能鎮定地讀完這封信，而且就某方面來說，這其中也含有不幸中的大幸，希望妳不要盡往壞處想。

根據醫院之前的報告是，(九月)二十四日住院手術，二十六日出院，手術過程良好。但是二十八日去拆線時，醫生告知淋巴腺的硬塊是由癌症引起的。

身體某處一有癌症，便會經由淋巴腺擴散，頸部的淋巴腺硬塊就是這樣來的。

因此，身上到底是何處長了癌呢？當務之急就是把它找出來。二十八日那一天，作了頸部及胸腔多處的X光照射，照到不想再照。

十月一日，醫生（外科醫生名叫Dr. Cressman）告知二十八日的檢查結果，並沒有發現任何癌細胞。

十月四日（星期一）喝很多純白的鋇液，再照X光作胃腸部位癌細胞的探尋，也未能發現像癌的東西。

十月五日（星期二）再進行小手術，切除左鬢角上的痣（應該說是耳朵上方的頭髮裡）與左臉頰的痣，聽說這有可能是癌。其結果在十月八日（星期五）即可見分曉。

我向醫生(Dr. Cressman)仔細詢問下得知，雖然若未發現癌症根源的話一切都很難說，但他認為就算最差的情況，也必定還有半年的生命。

假如順利發現癌症的病源，並加以切除的話，就有存活數年或更久的希望。

我總覺得這個癌細胞似乎發展得很慢，是不是自好幾年前便長在左頸部了呢？因為這次手術切除淋巴腺的硬塊後，從左肩到背部的痠痛便一下子減輕許多。三世妳記得以前每天曾替我按摩吧！那個時候，或許這個硬塊就已經出現了，是不是呢？

因此，我也覺得就算假如萬一找不到病源，也許還能活個幾年。

總之，在此地大略的治療和診察一結束，趁著狀況還好時，我就會回日本。早一點的話，我想是十月下旬，最遲十一月下旬就可以回去。

我自己雖然從額頭上方開始有很大的開刀傷口，但卻很健康。精神狀態上，大家都很訝異我被告知得了癌症，為什麼還能夠那樣笑嘻嘻的。因此，目前是沒有什麼好耽心的。

被告知得了癌症之後，沒有比妳、正一及雄二今後的生活問題更令人掛心的。我考慮了很多，所幸，這次來美國多少能留下一些錢，我在想以這個為基礎再東拼西湊的話，今後六、七年，到雄二大學畢業為止，三個人勉強度日的費用不知夠不夠？

但是，由於我們一家的情況將面臨急轉直下地變化，所以希望在這一點上要有充分的心理準備，知道今後只能節省度日。話雖這麼說，但也還不到馬上自明天起連食物都節省的地步。此外，我想不能讓這個消息擾亂正一的心情，妨礙他唸書。希望他能以同樣的狀況努力用功準備考試。這就像長途賽跑時遇到強風，競賽者自己的步伐決不可以亂掉。

因為我將提前回國，所以正一的租住處（讀書室）有必要趕緊找到。關於前面所說的不幸中的大幸，乃是指能夠較早發現得了癌症。若等到身體虛弱得什麼都沒辦法時才被告知罹患癌症，就十分淒慘了。現在並非沒有一點希望，且有餘力去耽心今後的事，我想比什麼都還幸運。

我希望趁自己還健康時，繼續做目前這個給自己的學問作結論般的、有價值的工作。

被告知生命短促後，心情便頓時緊繃、忙碌起來。

妳們三人不要悲觀，要堅強快樂地生活下去。

我會繼續報告我的情況。再見。

英夫於Stanford（原文照刊）

在接受癌症的宣告後到動從左頸部至鎖骨的大手術之前，大約有三週的時間。這三週期間，對我而言是一段特殊的經驗。我的心中無時無刻不在傾聽著迫近而來的死亡跫音，這是凝視著死亡的生活。而外表上則好像依然健康地從事一般性的活動，我就過著這種特殊的生活。

在外國孤獨的生活中，即使面對這種非常情況，那些非得自己處理的事還是堆積如山。

學問研究的工作都要我親自經手，還要與在日本的家人及工作地點連絡，身體也必須調理，遺囑也要寫，這並不是容易的事。

在那個時候，始終讓我想起戰爭期間的空襲。只要敵機一接近，那種令人恐懼的警報聲就會響徹雲霄。聽到它響起，心情便為之緊繃，有一種汗流浹背的感覺。下腹部頓生涼意，連四周也跟著突然變得蒼白，讓人覺得十分恐怖。現在與那種空襲警報的情況有點類似，好像有一種無法言喻的、討厭的緊張感，將心情繃得緊緊的。

罹患癌症，在某種意義上與空襲警報相比，更為嚴重。空襲警報總會解除，而一旦它解除的話，心中就會有鬆一口氣的快慰。但這次與癌症的戰鬥，就不是如此。警報並沒有解除，心情總是緊張不已。這實在不是一件容易的事。

白天還好，比較麻煩的是晚上。在異國本來就是寂寞孤獨的生活。晚上，只要一待在自己的房間，感覺就像天地間只剩我一個人。這麼一來，強烈的緊迫感便欺身而來。

我在這三週期間，才知道人對生命的執著之強烈。生命一旦曝露在立即的危險之下，人的內心會是多麼的狂亂翻騰？而全身上下連手腳的細胞末端，是如何拼命的在抵抗？我本身便有這樣的感覺。一天的生活終於結束，夜晚來臨時，身心感到極度的疲憊。往床上一躺，手腳幾乎已到了不能動彈的地步。精力是極度的消耗，唯一還清醒的就只剩腦袋而已。

在這種不安的緊張之中，每每讓我想起死刑犯。死刑犯已被宣判死刑，並且得獨居在囚室之中。在不知何時將被處決的不安狀態下，凝視著死亡。即使有二年也好三年也罷，精神狀態將會變成怎樣？被預告的死亡的痛苦，相信決不僅止於被實際行刑的那一刻。

死亡的痛苦，是從被預告死亡的剎那開始的。從此以後，若活三天的話，就有三天的痛苦。若活十天，那十天裡便是拼命的激烈戰鬥。雖然僅僅是三個禮拜的戰鬥，我就相當受不了了。我本身的心情有如死刑犯一般，而不禁對真正的死刑犯寄予深刻的同情。

就這樣地，我的內心經歷著未曾間斷的痛苦戰鬥。

但是，我外在的生活態度，並未就此被擊倒。我還是和平常一樣，自己開車到學校去，在研究室工作。與人見面，也談笑風生。外表看起來，好像是從容不迫地在對抗死亡。

我不折不扣地，正站在絕望的深淵裡。但是，我心中並不願就此逃避迫近的死亡，也沒想要將死亡加以掩藏。因為我知道就算藉酒消愁，暫時瞞騙自己，心境反而可能陷入更悲慘的狀態。而且，反正是逃避不了，何不下定決心，正面與死神週旋看看？藉著自己面對死亡的機會，在一般的死亡問題上，我想儘可能作深度思考。

這時我讀了哲學家David Hume於死前預知自己的死而寫下的簡短自傳，以及著名評論家John Gunther記錄愛子羅患腦腫瘤悲痛而亡的《死神不要驕傲》等著作。一邊忍受閱讀這些書帶來的心痛，一邊嘗試對死亡這個東西追根究底。

平時常聽到別人說起，人一旦面臨死亡，心情就會轉變。即使是在身體健康內心充滿自信的時候是個無神論者，或從不相信有死後的生命，一旦死神迫近眼前，內心便會有所動搖。對先前的主張，完全丟棄，而去仰仗神佛之手，相信轉世與來生。就依靠它來面對死亡。

但是，至少在我本身的經驗裡，我的心卻沒有起這樣的變化。在此之前我認為，自己這個生命最後會像蠟燭火焰熄滅一樣，和死一起消失，這種想法是最真實的。對我而言，即使面臨死亡，這樣的想法，還是沒有改變。或是換個角度來講的話，或許說不管如何不安、如何痛苦，自己都只能作如是觀，要來得更貼切吧！相信有天國或來生，而能安心死去的人，他們的單純確實令人羨慕。但是，另一方面，我對於本身面對此時此刻仍未動搖的、頑強的知性，也頗感自豪，這也是真實的心情寫照。

雖說如此，但對於自己將從這世間消失的想法，卻絕對無法感到滿足。這是令人毛骨悚然的恐怖事情，除了絕望之外，再沒有別的感受。但是，最嚴重的是我卻無法找出對此困境的根本解決之道。若說好不容易有一絲安慰般的亮光照射過來的話，也非來自死後的世界，而是在這地上的世界裡所發現的。想到自己死後，家人及摯友應該會想念我，心裡就覺得十分安慰。

我在接受最後手術之前，特地到照相館去照相。我想等到我消失後，這些照片應該會成為回憶的種籽。這個想法促使我這樣去做。

另外，我死後，在故鄉的妻兒，將如何生活呢？這是我十分掛心的。但在戰後困頓的日本社會狀態下，要預測未來是怎樣的生活，幾乎不可能。不過這件事到死都讓我耽心，這便是俗話說的「難分難捨」。不過仔細一想，就明白了這樣的心境，事實上卻是一個正面的效果。也就是說它給予了幾乎要屈服在死亡的絕望之前，完全崩潰的自己，最後的心理力量。

最能支持我內心的，還有自己的工作。自己一生所從事的學問，不是我一個人的，而是諸多同道研究者共同的工作。藉眾多研究者的努力，才能成就一門學問。這個學問的長河也包含我所做的微薄的工作在內，我死後也將繁衍開展，永遠流傳下去吧！自己的工作代替了自己的生命延續下去，這麼一想，的確感到極大的安慰。但無論如何，死亡都是連手腳的每一寸細胞全在拼命抵抗般的、劇烈的疼痛。在心中這樣感受著，而我只能盯著死亡看。我想這樣極度地消耗精力，若持續一個月、二個月不間斷，光這樣也許就讓我吃不消了。

◎妻子的來援

就在等待著克理斯曼博士回來，接近十月中旬的某個晚上，酣睡中的我突然醒來。門口傳來急促的敲門聲，W教授在門外大聲地喊著：

「有日本打來的國際電話！」

一看時鐘，是午夜三點半，四周還是一片黑暗。

我跑到電話旁，拿起話筒，電話那一邊傳來妻子的聲音。一年沒有聽到這個聲音了，感覺好像太平洋四千英里的距離突然消失了般。

電話聽得並不清楚，聲音忽大忽小，時而中斷，雜音更是一再干擾。

雖然聽不清楚，但是妻子拚命在說的，似乎是要我儘早回國，在日本動手術。我幾次重複地說，現在沒辦法回日本，因為急著要動手術的緣故。好不容易，妻子像是懂了我的意思，卻再三地說：

「那麼，我去看你。」然後就掛斷電話了。

結果，自從那一夜的電話之後，妻子就準備動身前來美國。三天後，妻子單身一人搭日航班機離開羽田機場，手上還提著熱水瓶，裡面裝著日本當時剛發明且尚未上市，據稱是癌症特效藥的抗癌黴素。聽她說旅行箱內還裝著喪服，以備萬一。

妻子所搭乘的日航班機，在過境夏威夷時，上來一名乘客，剛好坐在她旁邊。他就是日本S醫院的A博士。A博士是來參加在夏威夷召開的全美外科醫學大會後，準備回到美國。

在這個外科醫學大會上的某一天，一位高大的美國外科醫生知道了A博士來自日本後便過來打招呼，他談起自己目前所診治的一名不幸的日本大學教授的事。這個日本人在史丹福大學講學期間發現了癌症。關於這個惡性腫瘤，他做了專門的說明，並說自己一回到美國，得馬上給他動手術，但對開刀後的預後情況則不甚樂觀。

A博士對於自己鄰座的旅客，正是這位教授的妻子這樣的巧遇，感到驚訝。而且，他對我的妻子的詢問都照實回答，說明那種腫瘤進展如何快速，也許也將侵襲肺臟及心臟等，並表示深刻的同情。

對妻子而言，這是第一手的專業報告，那番話把她所懷抱的渺茫希望，徹底地粉碎了。那是絕望的宣告，使她感覺頓時陷入一片黑暗之中。

抵達舊金山機場後，妻子的臉色，就好像是從冰冷的海底撈起來的水母一般蒼白。

◎左頸部完全切開

妻子抵達的隔天，十月十八日傍晚，她與W夫人將我送到醫院去。

我接受的是「左頸部全切開」的手術。首先，在發現原發腫瘤的左鬢角痣的周圍，作大範圍的剜除。之後從左臉、左頸部一直到左鎖骨，切開約長四十公分，並且只留下人類存活所需最小限度的部分，而淋巴腺也好，肌肉也好，能取走的東西都全部切除。也就是說將癌細胞可能侵犯的組織，做最大容許限度的預先切除，以預防癌細胞的擴散。我想這就像火災時的破壞消防一樣。

入院那一天晚上，負責麻醉的K醫師到我床邊來，將手術之前的程序詳細說明。手術將在明天早上十點開始，從半夜以後，便不能吃任何東西，連喝水都不行。今晚會給你吃安眠藥，應該會很好睡。明天早上八點我會再來給你注射一劑，這樣你應該會想再睡。十點一到，會連床帶人直接送到三樓手術室，再注射真正的麻醉劑。如此一來，你本人直到手術結束什麼都不知道。手術由克理斯曼博士負責，而手術進行中一切的麻醉、血壓、脈搏等，我會細心留意。手術大概會進行到午後，不過不必耽心……，K醫師如是說。他說話的態度，一點也沒有故意隱藏醫術神秘的樣子，乾脆簡要，令人心情愉快。

隔天早上很早，妻子與W夫人二人來看我，但很快又回去了。

一切按照前一日的說明程序進行。十點一到，我躺在床上由病房推出，以電梯送上三樓。一出電梯口即是手術室，克里斯曼博士和K麻醉醫師已身著白色手術服在等著。

被移上手術臺，護士們很快地將我的手和身體以皮帶般的東西固定住。不久，在我左腳踝上感覺到注射的刺痛，旋即感到意識模糊。而針筒有否拔出來，我已沒有感覺了。

在我完全沒有意識期間，左頸部被全部切開，就像是進行解剖的大手術。

這也是手術花費三小時以上的原因。

我從麻醉中醒來，已經接近傍晚了。眼睛一睜開，首先映入眼簾的是站在床架邊、好像很耽心地看著我的科興教授和我妻子的臉。我想開玩笑地表示要科興教授不要耽心，但是喉嚨卻卡住了，那是因為手術的關係而發不出聲音。而左半邊臉，好像遭受強烈的毆打一般，有非常灼熱的感覺。

◎抑制住癌症

醫院座落在以校景優美聞名的史丹福大學校區內，並不很大，但給人的感覺是在清爽之中有潔淨。

這裡是所謂完全看護的方式，原則上不允許其他人在旁照料。晚上九點一到，鈴聲響起，家人及探病者陸陸續續地回去了。呼叫鈴的按鈕掛在病人伸手可及之處，只要一按，護士就會趕過來。而手術時也是除醫師以外，誰也不能在場，這似乎是一個通則。護士爽朗的態度，到了令人驚訝的程度。

以前聽說在美國外科手術後復原很快，難怪雖然動了達三小時的大手術，整個繃帶也都還被傷口的出血所染紅，但是卻被告知隔天開始吃飯時就可以起身，也說第三天可以靠著床沿把腳放下來，第四天更允許下床在房間裡稍微走動。

手術本身的過程極為順利，但是，我對手術卻不抱什麼希望，無寧說是已放棄了。心中早已認為手術只是試試看，但大概還是太遲了。

只是手術以後，死亡恐怖的壓迫，已不再那麼惱人了。也許是經過手術這件大工程後太疲倦的關係，也或許是因為每四小時服用一次止痛的嗎啡，幾乎處在半醒半睡的狀態中的關係吧！對於生死的問題，便感覺似乎已拋開了一般。

手術後第五天的傍晚，克理斯曼博士進到病房來，以非常愉快的表情告訴我說：

「剛剛病理部門送來了檢查結果的報告。根據報告，在這次手術切除的部分並沒有發現任何癌細胞。所幸，癌症並未像先前預料的那般擴散出去。我現在可以確信，你的體內已經沒有殘留任何癌細胞，你還可以再活下去。」

這些話我聽來就像在做夢一樣，美好得反倒讓人覺得不是真的。然而就在三週前，以那種坦率的態度，告訴我罹患了癌症的這個人的話，此刻也並無令人懷疑的理由。

與離開病房的克理斯曼博士擦身而過，年輕有精神的J醫師闖進來，突然握住我的手大聲地說：

「恭喜你，太棒了！」

隔天一早起，史丹福大學的教授友人及其家人，聽到消息，不斷前來向我說些道賀鼓勵的話。此刻我才得知，他們心裡是多麼深切地關心著我。

妻子向在日本焦急等待的兩個孩子打了電報。

「癌症抑制住了！」

◎回國

手術後第十天，傷口的出血終於止住了，第十一天說是已經可以出院了。我再度回到W教授家的住處，開始手術後復原療養的生活。

妻子說希望兩人一起儘早回國，她的想法是，給日本的醫生徹底診察以求安心。但是，連如此鼓勵在手術後活動的美國醫生們，也說手術後一個月內到日本的旅途對我而言有點困難。

出院後，有一段短暫時間，每天早上為左臉的疼痛所困擾。以致每天得天還未亮就從床上起來，在昏暗中一直坐在椅子上大約一個小時。不過，這種疼痛也漸漸地減輕了。不久，我已可以自己駕著車，享受有如春陽照射般美麗的十一月史丹福溫暖陽光。

這時候，我想將之前一直在思考的事做一個綜合歸納。面對此一人生危機，凝視著死亡時所想到的是一連串重要的問題。剛好以哲學系的班底為主，有一個大約十人的小型研究小組。科與教授建議我不妨以平靜輕鬆的心情，在小組上發表談話。

在接近回國的十一月某一天，我將構想綜合整理後，來到史丹福大學的教室。過去一看，想不到來聽演講的人增加很多，因此就將說話的場地換到比較大的教室。四、五十個人，將教室擠得水洩不通，也看到了許多這一年以來相當熟悉的教授和學生。變成這樣一場演講，對我來說場面實在太大了，而且對我的身體可能也是個沈重的負擔。不過，我心意已決，還是登臺演講。半邊的臉，還綁著繃帶就上去了，嘴巴也因肌肉痙攣，無法充分發音。但是，無論如何就一個小時左右的演講，我還是順利地完成了。演講的題目是“Asian Concepts of Death”（東洋的死亡概念）。

不料，那卻成了我的Farewell lecture（告別演說），而且還似乎給了聽眾蠻多的啟示和深刻的感受。有人跟我說，這場演講是他在史丹福永難忘懷的。

在克理斯曼博士的同意下，終於在十一月底離開美國。克理斯曼博士親手交給我兩片我的癌症標本，以及要給日本ＫＴ醫院Ｉ博士的病歷報告。四千英里的飛行旅途，對我來說還是一件十分艱難的大事。途中在夏威夷有兩天的休養，是一大助益。

飛機終於接近日本了。曾想過也許無法再見到的日本風光，首先由空中呈現在我眼前。接著不久，我就降落在羽田機場。這是昭和二十九年十二月一日的早晨。

◎在日本的治療

回到日本，幸運地得以接受幾位在這方面的權威醫師之診察。但是綜合那些結論，最初淋巴腺的腫瘤，被判定為癌沒錯，然而左鬢角的痣，卻不是癌組織。之所以發生這樣的診斷差異，我所得到的說明是，因為要在顯微鏡下檢查細胞組織，判定是否長有癌細胞，是一件非常細微的工作。

這個新的診斷結果，對我而言，問題反而變得複雜且困難。若說淋巴腺腫瘤是癌組織，那麼可以肯定的是，在我身體的某處必有原發癌。但是，若痣不是癌的話，它就不是那個原發性癌。因而在其他什麼地方，必定長有原發性癌，而且還沒有去除。

因此，十二月下旬，我到五反田的ＫＴ醫院住院。再一次試著探求癌的根源，作全身的檢查。但是，卻沒有發現任何像是原發根源的東西。

在癌的根源可能潛藏在某處的假設下，又進行了抗癌黴素注射，並對左頸部照射Ｘ光作深部治療。

連日照射Ｘ光，當照射至三千倫琴時，由於副作用相當嚴重，所以只好停下來。Ｘ光的副作用，明顯地在咽喉處造成了傷害，變得不能出聲，有時會呼吸困難。因此，之後我有半年為此所苦。

一個月左右的住院，應該要做的預防治療，大體上都做過了。眼前癌症復發的徵兆也好，轉移的徵兆也好，都沒有出現，因此，一月下旬就出院回家了。

那年四月，沒想到克理斯曼博士因有事來到日本，這對我來說是千載難逢的機會，因為可以在相隔半年後，替我診察手術後的復原情形。在仔細檢查了已大為柔軟的手術疤痕後，克理斯曼博士說：

「實在是令人非常滿意的情況！」

但是，克理斯曼同時也補充表示，若是他自己就不做非必要的Ｘ光照射，也因為照Ｘ光的關係，手術傷口的復原較為緩慢，克理斯曼補充這個意見。

從ＫＴ醫院出院後，我一個月拜訪Ｉ博士一次作診察。主要用意在預防癌症再度出現，因為此刻仍極需注意這層顧慮。

但是，因為這時癌症一直沒有出現的樣子，需要注意的程度似乎漸漸地淡薄了。

當克理斯曼博士四月來日本時，我曾對他說日本這裡有不同的診斷。克理斯曼博士回國後，大約過了二個月，透過別人告訴我檢查報告。報告指出他們把所保存的我所切除下來的資料，再請二位病理專家檢驗，而他們二人一致認為是癌。

有關醫學上的事，我幾乎沒有任何知識，故對於日本與美國這項不同的診斷結果，我全然不知該如何解釋。

只是我藉著親身的體驗，而有了些許的了解。那就是，癌(Cancer)這個字的含意，兩國似乎多少有些差異。在民間，這一點相當明顯。即使在專家之間，在某些地方，我想似乎也有不同。

在日本一聽到癌症，啊！要完蛋了，這大概是一般民眾的反應。而在美國，當被告知罹患癌症時，他們雖知事態嚴重，但心中想的卻是要如何處理才能延長生命？民眾的態度乃是採取這種對抗的姿態。

因此，在美國對癌症早期發現的宣導，非常盛行。就像早年日本撲滅結核病的運動一般，在美國車站的候車室等地方，到處都貼有宣傳海報。

如果容許做推測的話，那麼與此相同的傾向，在專門醫生之間不也看得到嗎？也就是說，在日本對癌症關心的焦點，傾向於診斷，而相對地在美國則以癌症的治療為中心來思考，不是嗎？

要如何對抗癌症，才能夠長保生命呢？現階段最有效的方法只有早期發現，作外科手術處理。如果等到清楚確定那是癌組織時，多半為時已晚，以致雖然診斷正確，但病人卻死了。所謂早期發現癌症，便是在有充分理由懷疑是癌時，就要下定決心，當作是真正的癌症看待，大膽地作外科處理，以免太遲。這不正是所謂能挽救的生命一點也不放棄嗎？

像這樣，兩國一般對癌症的態度是不同的。所以在日本，癌症這個語彙，使用的是狹窄而確定的含意；在美國則是採取廣義的，不是嗎？對我的診斷之所以不同，或許正是這個原因吧！當然，這只是我門外漢的看法。

（昭和三十九年九月，同年十月載於《文藝春秋》）

與復發的癌症搏鬥

◎又出現異樣

那是一九五八年十一月的事情。北歐已完全籠罩在冬天的氣氛之中，我在丹麥哥本哈根市的旅館浴室內，拼命用兩面鏡子照著。以浴室原有的鏡子，加上自己隨身攜帶用的小鏡子，想看看左耳上手術的疤痕，以及四年前由腹部的皮膚移植過來，光禿禿的部分所長出的小疙瘩。但濕淋淋的頭髮垂下來，妨礙視線，也由於不曾用兩面鏡子看東西，總是弄不順當。不過終於還是在鏡中找到這些小疙瘩。看到這些黑色的疙瘩，不免大吃一驚。比想像中變大許多，而且擴散在四周成為幾個黑色的斑點。我嚇得腳都軟了，這不會是癌症的復發吧？心中一時充滿懷疑。

當時我正在旅途中。我是接受巴黎聯合國教科文組織的邀請，在北歐各大學作有關東西文化的旅行演講。瑞典、挪威才結束不久，剛剛來到丹麥。

如果這是我這些年來所恐懼的癌症的復發，那將會如何呢？要不要馬上結束這趟旅程，趕緊回日本，要求熟悉整個病情的主治醫師替我治療？但是，旅行演講的行程，還剩以德國與美國為主的二個月。我多方考慮的結果，還是決定繼續既定的旅行演講行程。反正心裡早有準備要拼老命工作，癌症的事，無論如何，在回到日本之前就不要去想了。下定決心之後，那天夜裡我吃下三片Brovalin鎮定劑就上床去了。所幸我睡得很好，無論內心受到什麼樣的衝擊，只要一上床，都還能熟睡。

我最害怕的是癌症的復發。我曾被告知癌症再復發的話，就要有生命即將結束的認知。

我罹患癌症，首先接受了「左頸部全切開」的大手術，那時是一九五四年的秋天，我正在美國史丹福大學擔任客座教授。我罹患的是出現在左耳上方的頸部一帶所謂「黑色腫瘤」的皮膚癌。外科醫生克理斯曼博士當面向我宣布，那是進行非常快速的惡性瘤，我大概只剩六個月的壽命。接到緊急通知的妻子，為了萬一有狀況，而在旅行皮箱裡帶著喪服，匆匆忙忙地為了手術時能在場，搭機從日本趕來。

我在史丹福大學醫院接受的是「左頸部全切開」的手術，從左額鬢角開始，一直到左胸鎖骨上方為止，切開約長四十公分。而且這是除了維持生命必要的神經及動脈之外，其他能拿走的東西都切除的預防癌症擴散的大工程。幸運的是，這項大手術奇蹟似的將我身上癌症的蔓延控制住了。不久回到日本，由於X光照射對生理的影響，幾次覺得就要死了，但無論如何生命總算是保住了。這時癌症無論在皮膚上或內臟裡，都沒有再出現。

經過一、二年平安無事之後，我飽受大手術及X光折磨的身體也逐漸康復，大學裡的講課也能夠照常進行。手術後滿三年的一九五七年，為了準備隔年在日本召開的國際會議，一直很忙碌。那年秋天，在三個月的行程裡，從美國到歐洲環繞了世界一周，我的健康還挺得住。癌症如果就這樣不再復發，就表示先前的大手術徹底地成功了，我甚至開始有一種從癌症中全然解放出來的感覺。

可是就在隔年，也就是一九五八年，當國際宗教學會議正籌備得如火如荼的時候，左頸部原先有問題的地方竟長出了一個東西來，它長在我看不到的地方。最先是因為在理髮店用梳子梳頭髮時會碰觸而注意到它，每次去理髮店時，感覺有逐漸增大的趨勢。用手指碰觸，也感覺得出來。家人對此都很耽心，而接受了主治醫師和多位醫生的診斷。但每位醫生看過後都表示，它明顯地和癌的性質不同。聽這麼一說，雖然是有些耽心，不過大體上還是安心不少。

因此，我就接受了一九五八年聯合國教科文組織的這個旅行演講。可是在哥本哈根的旅館內，卻心存狐疑地特別加以注意。在用兩個鏡子對著看過後，出乎我意料地，小疙瘩腫塊已經十分發達，讓我嚇了一大跳。

◎拼了命的游擊戰

哥本哈根之後，繼續繁忙的旅行演講。在經過德國、法國之後，到達美國。而來到離日本較近的美國西海岸的加州，則是在隔年一九五九年的一月。

位於加州舊金山南邊的史丹福大學，就是我四年多前初次因罹患癌症而接受大手術的地方。史丹福大學正等待著我去演講，不過就在演講當天的下午，我忙裡偷閒騰出一小時的短暫時間，拜訪了外科醫生克理斯曼博士的診所，請他幫我診察。有些時日未見而稍感年歲增長的高個子博士，在久別重逢裡有無限的欣喜。但是，他一看到患部長出的疙瘩，馬上用嚴肅的口吻說：

“This must be taken out by all means.”（這非得切除不可。）

這對我來說，無疑是巨大的衝擊。感覺像是心頭的烏雲，突然開始擴散。

離開診所，我馬上趕往史丹福大學的演講會場，講題是關於日本文化的性格。站在聽眾面前，開始演講的開場白時，我感到內心深處還在震盪。但是沒多久我就忘記了，忘情地投入演講中。

在夏威夷火奴魯魯市做完最後第四十場演講回到日本，已是一九五九年一月二十三日。隔天二十四日，我拜訪了原先的主治醫師，ＫＴ醫院的I博士。而在一月二十六日，相隔四年後再度躺上手術臺，切除那些疙瘩物，並從大腿部分取下皮膚進行移植。

而對左頸部切除下來的皮膚，則進行了專門的檢驗。其間約有十天左右，我在不安中等待結果。不久，根據I博士所說的檢查報告，克理斯曼博士的診察一點也沒錯。皮膚切片中，再度發現黑色腫瘤的細胞，先前的耽心成為事實。癌症終究還是在我體內有所轉移，並且緩慢而持續地發展著。

而這個癌細胞什麼時候會突然開始活躍移動，擴散至全身而致命，任誰也不敢斷言。從這個時候開始，像拼命的游擊戰般與癌症的戰鬥再度爆發。

與癌症這種持久戰的搏鬥要如何進行下去，這對我而言是一大課題。不僅是我，對家人來講也是一個重大的問題。說起癌症，一般都只瞞著病人，結果受苦的還是其家人。不過我的情況則是自己最清楚，因此，在治療上以及我死後一家人生活的問題等等，能夠全家人聚在一起毫無隱瞞、坦率地商量。

如同二次大戰後大部分的大學教授一樣，我們家一點也沒有所謂「存款」這樣的東西。

我一家共四口，夫妻倆加上僅有的二個男孩。長子那年四月即將從W大學建築系畢業，已經說定要到K建設公司上班。這無論是對我，對家人，以及全家人的將來而言，是何等適時的依靠和值得高興的事。次子對建築也有興趣，不過這時候還在補習班上課準備重考。想到如果我在一、二年內死去的話，就算次子用功考上大學，但要支撐他到畢業還有四年，卻是問題。這除了依靠我死後的退職金之外別無他法。在這之後，妻子便能以遺族援助金勉強生活下去，大概只能有這樣最低的預期。

也藉著這樣的機會，我對於年過二十的孩子的心情，有了新的發現。面對這攸關一家人的大事，孩子們雖然沒有說些什麼，但卻能直覺地清楚掌握問題的核心。沒有人抱怨和嘆息，只是坦然地接受，而且表現出就算面對父親的死亡或一家人生活陷入困境這種痛苦的情況，也要勇敢戰鬥下去的堅強姿態。就算心情黯淡，這個發現也令人感到十分安慰。

◎將死亡視為「離別的時刻」

為了對付癌症帶來的威脅，我自己採取了怎樣的心防呢？

在我周遭的人當中，有人表示強烈的意見，認為既然癌症復發，便該辭掉工作，安靜休養以對抗疾病。我想這大概是最普遍的看法，但是我卻不想聽從這種意見。當想到迫近眼前的死亡時，就算在靜養，也將不會是真正的靜養。眼前我似乎就看到盡是閒暇而沒有事做的生活中，凝視著死亡的自己懊惱煩悶的身影。

我寧願在奮力工作中尋求活路，直到最後肉體被侵蝕為止。而且比起從前還要承擔更多的工作，如果能拚命地工作，至少在工作期間，就能忘記死亡的困擾。不僅如此，每一天都好好地生活，充實地工作，那麼即使前途是黑暗的，也可以品味到一種盡人事般的滿足感。對此刻的我來說，好好地經營每天的生活，就是對付死亡的最佳武器。

然而，在偶然的機會裡，另一個可靠的想法浮現在我心中，那就是將死亡視為「離別的時刻」。

日本女子大學的創辦人成瀨仁藏先生，大正八年因癌症而病逝。就在他病危的時候，帶著病體被用擔架抬到大禮堂，對全校的學生作最後的告別演說。這件事令人非常感動，從此之後，這一天就成為日本女子大學的「告別演講」紀念日。一九六〇年一月的這個紀念日，我受邀為成瀨先生作追思演講，主題是由背負著癌症、痛苦掙扎的人，來談因癌而死的人之心境。

我為了準備演講，收集了成瀨先生的告別演講稿和其他資料，並認真地研讀。那一天我在演講中，感覺到似乎有什麼跟平時的我不太一樣。我意識到從心底似有一股莫名的氣勢，推舉充塞而來。後來，聽說我那天的紀念演講，帶給聽眾很大的感動。事後我一再思考而發現，藉由這次的機會，在我心中對於死亡又發展出另一種看法，那就是將死亡視為一種大「別離」的時刻。人都有別離的經驗，即使在日常的社會生活之中，也常會面臨別離的時刻。經歷與親近的人、住慣了的城鎮或鄉林，那種也許無法再重逢般的別離。但是，即使在這種情況下，當準備著行李或和熟人寒暄道別時，心情便漸漸有所準備。這樣一來，人們也就能在當下超越別離的悲傷。

死亡是一種大別離，向一切的事物告別。因為是徹底的別離，所以這並不是容易的事。假如，在死亡真正來到之前，沒作充分的心理準備的話，就無法承受得住。但是，一般的情況是，人們卻令人吃驚地未做這種心理準備。所以死亡總是以突襲般的姿態襲擊而來，而對此，人們也只有驚慌狼狽的份了。

如果將死亡視為別離的時刻，那麼如同日常生活中別離時人們所採取的一樣，就有預先做好心理準備的必要。對於平時每一時刻裡的經驗，必須以也許是最後的、不會再有的心情，仔細地品味。如此使心理預先充分地領會，即使最後的生死離別來到，人們也能夠禁得起這種悲傷。所謂視死亡如別離，就是每天每天地，在心中做好別離的準備。這種想法，將給予對抗死亡的自己內心莫大的幫助。

在這樣的生活態度之中，我努力地想做好對死亡的心理準備。

◎反覆不斷地手術

因為抱持著這樣的心情，所以在癌症復發的手術之後，我並沒有停止各種活動。講課也好，參與會議也好，都跟先前一樣照常出席。

那一年夏天，也就是從一九五九年六月起至八月，我被邀請參加夏威夷大學東西哲學學者會議。我不顧周遭親友的擔心和反對出席了大會。六週期間東西思想家們的討論，極富意義。但是，熱帶酷熱的陽光，對我的皮膚而言似乎太過強烈了。在夏威夷停留期間，左頸部相同的地方，又有許多如面皰般的奇怪小顆粒冒出來。回國後雖然照射了X光，但卻沒有任何效果。這一定也是癌細胞在作祟而長出來的。那一年秋天不得不將此部分切除並進行皮膚移植。一再的移植皮膚，使我的身體變得到處是青紫，令人不忍卒睹。

翌年，一九六〇年四月，我在既有的工作上，又接受了東大圖書館的職務，工作益加繁重。早餐時我都坐在書桌前，邊工作邊吃。而且早上一起床，就要馬上坐到桌邊。如果不這樣的話，工作就會來不及。除了禮拜天以外，中餐和晚餐幾乎不曾在家裡用過。

一九六〇年的夏天一到，馬上又有一趟美國之行，在史丹福大學暑期班講課。接著遍訪美國各大學圖書館，又去德國參加在Hamburg所舉行的國際宗教學會議。停留在Hamburg景色優美的旅館中時，奇怪的小顆粒又再成群出現。那年秋天回到日本之後，進行了第四次的皮膚移植。由於重複地做皮膚移植，那些部位逐漸變成光禿禿一大片，想遮掩都要大費周章。

像這樣地，緩慢發展的黑色腫瘤不知何時將突然開始活躍起來，說不定早已侵入內臟。這種不安一直存在心中。

我家的小庭院裡種著一棵柿子樹苗，一九六一年首度長出十幾個果實，在夏天來臨前還很小。它的成長用肉眼並無法看出來，但確實一點一點地在長大。我一邊觀察，一邊想著在我體內是不是也有相似的癌腫瘤，正在一點點地變大呢？到了秋天，柿子轉紅時，我是不是也將在病床上輾轉痛苦，不久就死去呢？

但是，到了秋天，柿子的果實轉紅了，我卻還能照常活動，只是一個、二個的小顆粒，不斷地在皮膚上出現。一年之內連續接受近十次的小手術。不但如此，還必須再度進行第五次的皮膚移植手術。

而到了十一月，我又得出席紐約聯合國新圖書館的開幕儀式。這一趟短期美國之旅的回程裡，有幸得以繞到波士頓，與世界首屈一指的黑色腫瘤權威菲茲帕・德瑞克博士相約見面並接受診察。在約定的時間裡來到麻薩諸塞州綜合醫院時，另外一位癌症專家的外科醫生，也會同一起為我作仔細檢查。診察花了二個小時以上，診察完畢後，菲茲帕博士向我說道：

「你的病例是罕見的例外個案。雖然很稀少，但仍有像這樣的例外情形。你身上的癌大概會一直反覆不斷出現，一長出來必須盡可能早日切除。不過，若能做到這一點，你也許可以活很久。」

從專家口中聽到這種前景充滿光明的預測，七年來與癌症的搏鬥生活裡，這還是頭一次。那天晚上，我為了要讓家人知道這個好消息，打了一通國際電報回日本：

"I can live long."（我可以活很久！）

今後自己的癌症會有怎樣的轉變，我並不知道。若是如這位專門醫師所說的，那麼今後大概就和以往一樣，背負著癌症，在不安中持續這種激烈的生活。然而，我的癌症，帶給我的人生更深的視野，也教給我真正美好的生活方式。雖然一方面對癌症懷有恐懼，但同時，每天也在感謝癌症的心情中生活著。

（昭和三十七年一月，同年三月載於《婦人公論》）

只要活著便豐美地活

——即使是癌症也不死

◎惡性黑色腫瘤

由哈佛大學往波士頓市過去，經過豐沛的Charles河之後，在河岸邊有一座大醫院，那就是素有「美國第一」之稱的麻薩諸塞州綜合醫院。去年十一月底，一個陽光微弱的日子，我拜訪了這所醫院，這已經是第二次了。前年我也是在相同的日子裡，來到這所醫院，為的是請求皮膚癌（尤其是黑色腫瘤）的世界權威——哈佛大學的菲茲帕·德瑞克教授的診治。

教授的診察與前一年一樣極為慎重。我這一年裡，曾在日本作過數次手術，那時也將手術的幻燈片帶過去。教授與幾位助手將我相隔一年的病歷作了比較，對於病情的發展似乎反覆思考。他一度離開診療室到別的房間，不久又再度出現。

"You are really a lucky man."（你真是一位幸運者！）

這是教授開頭所說的話。

我的皮膚癌就顯微鏡觀察所知，乃是在數月中可奪去生命的強烈惡性瘤，這個診斷沒有改變。但是，黑色惡性腫瘤的患者裡，也有極少數的例外，他們的癌組織發展異常緩慢，而且僅限於皮膚表面。在尚未擴散到其他地方的情況下，若能對長出來的癌腫瘤小心切除的話，便可能一直以這種狀態存活下去。我雖長年為黑色惡性腫瘤所侵襲，卻一直沒死，也許就是這種例外中的特例吧？博士做這樣的說明，並告訴我他遇到過的實例。

我就躺在診察臺上，專心傾聽。他說明的要點是，我的癌症不會痊癒，但是，這個癌症要我死也不容易。我當時感覺這段說明要點直透入我心扉。後來我想了想，似乎那個時候，有某種轉變正在我心中昇起。

◎忘掉鏡子

過了二、三個禮拜之後，當久未謀面的朋友看到我都說：「氣色非常好，像是完全康復的樣子喔！」這種情形不是偶然才有，而是連續好幾次。

對我而言，這的確出乎意料。因此想到，咦！這是什麼原因？我發覺自從那次在醫院診察以後，變得容易忘記自己的癌了。在罹患癌症之後，我一直把小鏡子放在口袋中。因為掛念著患部，一天不照個幾次鏡子是不行的。我注意到了忘掉使用那個鏡子的我。我跟癌症的搏鬥很久，已經快九年了。一九五四年在美國史丹福大學講學時，接受了最初的大手術。後來又不斷復發，至今做過大小手術十幾次。壽命大概只剩半年的心理準備，前後到底重複了幾次我也不知道。

在長期與病魔搏鬥期間，我想到就算生命終究不保，但活著的時候卻不可輸給癌症。在僅剩的寶貴人生時間裡，我希望儘可能好好地活著。因此，我拼命的活動，從事比一般人多二、三倍的工作。似乎有人因為看到我背負了癌症卻還能激烈地活動，而認為我是一個不動心的人。但是，我的內心卻經常面對死亡的恐懼而處在強烈的爭戰中。這無疑給生理和心理內部帶來嚴重的損耗，因而使得我的臉色大概很難看，也是理所當然。

然而，在麻薩諸塞州醫院裡教授的一席話，卻是一個轉機。雖然癌症病情還是一樣，但死亡的恐怖陰影從我內心消失不見了。我不知在什麼時候，已再次取得了平常心。

我數日前又接受了手術，將左額頭出現的幾個黑色腫瘤顆粒切除。不過，我內心現在一點也不會為癌症的恐懼而戰慄。我在豐裕的心情中，想到今後只要活著就必須去做的自己的工作，又燃起了光明的希望。

（昭和三十八年二月二十日，載於《朝日新聞》）

III　現代人的生死觀

生死觀四態

◎死的恐懼與生的執著

死亡對任何時代的人而言，都是嚴峻、恐怖的事實。

人類都一定要經歷死亡。從久遠以前到現在，有幾億幾萬的人誕生，在這世間生活，而後死亡。這個自我，作為一個人也不能例外。不久最後的時刻也必定會來到現在活著、感覺著、思考著事物的自己身上。那時候不管是如何的捨不得，自己周遭所有的東西，還是非得拋下不可。

這個自我，從世上完全消失，此乃死亡的事實。人是被迫背負著這樣恐怖的重擔而活著。不管社會如何進步，科學如何發達，在死亡的事實之前，也是完全無能為力，一點作為都沒有。

死亡也者，就如同古來所說的，的確是一趟一去不回的旅程。在死亡之旅中，還未曾有任何一個旅人回來過。死亡之後，人會變成怎樣，誰也不知道。雖然人們以種種的構想，去描繪死後的世界，但是，關於死後能說出的、有具體根據的證物，從來也沒看過。死後的命運是千古之謎。藏著千古之謎般，死亡就這樣巨大地阻擋在人生之路上。而且其姿態中帶著不允許有絲毫欺瞞的嚴峻，迫近而來。

死亡所以是人生重要且令人關心的事，因為這是生命的結束。人類都有盲目的生存欲望，雖知道不久於人世，卻仍希望一直活下去。如果，人類對生命沒有強烈的執著，死亡對人類，或許就不會是個大問題。人們在日常一般的生活中，往往不會滿足於單單就這樣地活著。在這之上，還希望有豐富的生活和生命的擴充。不過，一旦生命的最後憑藉受到威脅，即使要拋棄一切，也要保住生命。人類生存的意志，比什麼都還要強。如果以進化論來說的話，便是由於有如此強烈的生存意志，人類才超越了優勝劣敗、適者生存的關卡，而有了今日的形態。相對於生存，死亡則是斷然地，瞬間明暗立判。

就這樣，人對生的執著、無論如何都必定會死的事實，以及死後命運的不可知，這三個事實成為洶湧的激流，相互搏鬥、相互吞食，形成巨大的漩渦。而如同從這個漩渦中昇起的水花般，湧現了種種的生死觀。

生與死的事實是萬人共通的問題，千萬人面臨相同的問題，要求解答。會有如此多樣的生死觀，便是各人想解決此課題的不同努力。但因人們所面臨的問題相同之故，所以縱觀各種生死觀，可以發現其中有一個貫穿全體的共同特徵，那就是對於想超越死亡、永遠活著的人類欲望，如何給予滿足。也就是以何種形式，可使人立志去把握永恆的生命、不滅的生命。不過，生死觀的多樣性也反映了不同時代、社會、宗教的環境與傳統。死雖是萬人共通，但事實上卻是一個人一個人地個別遭受侵襲。當死亡由正面向自己襲來時，那些外在的、不是得自於自我體悟的生死觀，是無法藉以超越生死的。

生死觀，如果仔細加以觀察的話，乃是因人而異。但是，遍觀這多樣的生死觀，在把握永恆的生命、不滅的生命的方法上，我想能概括為幾個類型，即：

(一)希求肉體生命的延續。

(二)相信死後生命之永存。

(三)將自己的生命寄託於替代的永恆生命。

(四)在現實的生活中領悟永遠的生命。

針對上述這些類型，以下試依序加以觀察。

◎肉體生命的延續

對人類之死亡最單純、率直的態度，便是直接表現在對肉體生命的執著上，簡單地說就是不想死。健康的人感受著快樂，生病的人也因感受其痛苦，而對這世間的生命有無限的依戀，這就形成渴求永恆肉體生命形態的生死觀。此乃生死觀的第一類型。

它最直截了當的表現，便是企圖克服死亡這個現象的努力，認為若講求特殊的方法，要獲得肉體的不死，並非不可能。如同隨中國道教而廣為流傳的神仙說，便是其典型。相信到了靈山，獲得調製長壽不老金丹靈藥的秘法，一旦服用，便可長生不死；或是在人跡罕至的山林深處，湊巧遇到白髮朱顏、年齡數百歲的仙人，這一類故事，也只是想證實肉體不死的理想之企圖而已。

在這一類現實主義的生死觀之中，如何克服眼前的死亡，暫時獲得肉體生命之延續就成為重點。它所強調的是不老不死這一面，而永恆生命的追求則非其重心。假設一個年齡已經八十歲的老人，如果能再多活一百歲的話，死亡的問題便等於在此刻解決了。也許他們認為百年後的事，不必從現在就開始耽心吧？

此外還有人認為肉體雖然一度死亡，但是，不久只要時機來到，肉體將再度復活，從此就能獲得永遠不滅不死的理想。埃及人由於對死者的這種信仰，因而產生了驚人的木乃伊保存技術。基督教與回教也有類似的想法，在末世觀中表現出來。他們相信在最後的審判日來臨時，行義之人將從墓中復活，而進入永遠的肉體生命之中。

這種渴求肉體生命永久存在的生死觀，對現代人而言，是極為遙遠的想法。因為對具備現代素養的人們來說，人類終要死亡，肉體的生命無一例外都會結束，這是再清楚不過的常識。但是，現代人也不能就此一概而論，一旦面對各自的生死問題時，不少人卻並未真正脫離肉體不滅觀。

那便是不肯接受死亡即將真正降臨在自己生命之上的態度。一般人在概念上，都認為人命是註定的，自己對不久也將死亡的事十分清楚。然而，一般理論是如此，但在現實中卻不知不覺地獨獨置自己於例外，極力逃避視死亡為切合己身的事實。

具體一點地說，人們總是抱持著自己還不會死的心態，即使病情已經十分危急，也相信會再康復起來，認為自己還不會就這樣死掉。當病況愈是危篤，死期愈是逼近，心中卻還是吶喊著還不會、還不會……。只要還有意識的話便一直堅持，直到最後意識混亂，所留下的問題就只能從別的層面去解決了。當敵機在頭上轟炸，自己躲在防空壕中，可怕的爆炸聲令人戰慄，然而卻不曾想過，下一個剎那，炸彈打中自己，自己就這樣死去。心中所想的，只是自己應不會被炸到。假如，被炸到的話，也不會就這樣死去。

這往往是未具備系統思想之結構的生死觀。平常對於死亡沒有心理準備，突然面臨死亡，所表現出來的便是一種驚慌失措的態度。然而，有多少人是在這樣的生死觀中死去的呢？

現代的醫學態度便是如此。今天的醫德要求，對於絕望的病人不能做死亡宣告。為了讓病人在最後都不失去希望，而避免令其直接面對死亡，以致病人往往被還不會、還不會等說詞影響，結果在毫無心理準備下，被吞噬於死亡的深淵之中。

主張肉體生命的永久延續，不啻是對死亡的挑戰。人生的戰鬥若全力以赴，有時亦可自其中發現一種悲壯之美。但是這場戰鬥最終的宿命，總是渴求生命的一方未幾以淒慘的敗北收場。

◎死後生命之永存

肉體的死亡，終究是無法避免的。當清楚認知這個事實之後，要如何解決人們對生命強烈的執著呢？途徑之一，便是相信死後生命是永存的。

死亡是肉體生命的結束，但是，死亡所宣告結束的，只是生命的肉體部分，而不是生命全部。肉體的生命，不過是生命的一部分而已。在生命之中，有那雖切合著肉體，但可獨立的部分，而它無寧是構成自我意識的核心部分。就這樣以各式各樣的形態，形成了廣義的靈魂觀念。靈魂在肉體死亡之後，仍會以與肉體分離的狀態繼續存在。靈魂的存在與否，從原始宗教那個極為素樸的時代以來，就是個攫獲眾人心志的問題。而且，這永遠是一個新的問題。現代人在面臨死亡的時候，也會以新的感動碰觸這個問題。

對相信靈魂存在的人而言，生命的意義，顯然變得更為寬廣。生命的延續，已經沒有必要只限於肉體生命的持有。在不滅的靈魂之延續形態下，打開了死後永恆的生命。對人類生命強烈的執著，也藉由將執著的對象從肉體生命轉移到靈魂不滅，而得到滿足。

如果，這種死後的生命是可能的話，它是以怎樣的形態延續的呢？也就是說，靈魂是在怎樣的場所，以怎樣的形態而存在的呢？問題的焦點便移到這一點上來。

自古以來，對這一點所給與的說明及解釋層出不窮。在信仰與理想相互交織下，各式各樣的彼岸世界、未來世界被描繪出來。它們依宗教的立場、民族的傳承而有所不同，但是，不管什麼說法，人們在面臨生命將消失的時候，總會拼命地相信它們的存在。

現在試舉這種靈魂觀、來世觀的二、三類型。

有一種想法認為因死亡而離開肉體的靈魂，就以其游離的狀態，在這個世間繼續存在。原始人類等形態單純的靈魂觀，多持有這種見解。人的靈魂會從墓地飛出來，或是在盂蘭盆會那天回家等的想法便是這一類。人們在夏日放水燈這項美麗的儀式，也與此思想有關。日本神道的靈魂觀大體也是沿自這一條思路。因死亡而幽明相隔的靈魂，繼續存在於幽界，活在明界的人，肉眼全然看不到它們的存在。但是，一般認為幽界看人間世界則是清楚分明的。

與這種靈魂觀相似的是輪迴的思想，但是，它們到底是屬於不同的類型。這種思想認為同一個生命會藉著各種生物的肉體，幾度重複地過著世間的生活。也就是說，人死後，猶能轉世在人間。輪迴觀是以認為人間之生活終究為苦之印度厭世思想為基底，生命的輪迴，在整體上來講終究是痛苦的緣故，所以人們最終的理想，便是從輪迴的鎖鏈中解脫出來。因此，輪迴的生命，並非永遠的生命，它不是人人所希求的那種性質的東西。但是，儘管如此，作為一種通俗信仰，可以一再獲得輪迴的生命這件事，卻已成為面臨死亡的人們對生命之執著的安全保障。

但是，作為死後生命永遠存在的問題，最顯著的開展，莫過於各式各樣理想世界、未來國度的信仰。猶太教及基督教的天國、地獄思想，就是如此。後來還有煉獄思想的出現。佛教西方極樂的淨土思想也是此類。它強調的已不單單是生命的延續，那些在世間淪落於痛苦生活、悲慘而死的人，若其心正直、信仰虔誠的話，保證可以在那個世界得到永遠和幸福的生命。因作惡而富貴榮耀，玩弄世間的人，死後必定墮入恐怖的地獄之火中。有關死後世界、未來國度的觀念，隨著宗教理想的提昇，逐漸得到洗煉。它被描繪為遠離人間的小善惡及恩仇，充滿著崇高的愛與慈悲之絕對理想世界。最終必能往生這樣的世界的信仰，也成為提高世間生活的重心所在。

於是，在這種對死亡的超越得到大量擴展的生死觀出現後，死亡的意義也有了改變。死亡雖是肉體生命的結束，其後持續的則是無限屬靈的生命，生命不會單單僅是這樣就結束了。而親近的人之死亡，也不是永遠的別離。死亡不過是短暫的離別，不久終可在來世再相會，死亡也就變成只是生命形式的一個轉換時刻。在死亡之前的恐怖顫慄已沒有必要，而能夠將臨終的剎那當做是老早就期望的新旅程的開始。

死亡意義改變的同時，活著的意義也跟著改變，人生不單單僅是指人間生活的變化而已，因為它將成為永恆生命的一部分。死後理想世界裡的生命，才是真正的生命。這個人生，乃成為即將來臨的永恆生命之前的逆旅，也變成是為了贏得死後所預期之生命的積善道場。尤有甚者，對於永恆生命之約定充滿感動的人們，這更是他們感謝的舞臺。

能夠如此肯定死後之生命以及靈魂不滅的人，可說有了解決生死問題的方法。不只解決了死亡，透過對死亡的理解，生的問題也解決了。因為從死亡的恐懼之中解放出來的安心感，以及想著永恆生命的愉悅，使每天的生活充滿了喜樂。

但是，能以這種形式得到生死觀之解決的，僅止於那些能夠確信靈魂不滅與死後生命存在的人。那些不相信的人，就是與這一切的歡喜無緣的眾生。還有，如果對此理想世界之存在信心動搖的話，這種生死觀的結構，在整體上也將產生裂痕。

文化的進步、科學思想的發達，以及批判精神的高漲，很明顯地已使樸素的來世觀和他界觀產生變化。天國和極樂世界之具體的莊嚴，除了作為理想的象徵表現以外，對現代人而言是很難接受的。祈求靈魂不滅，努力信奉傳統來世觀的同時，心底還存著滿團疑雲，在生死問題的解決上苦惱著的人還是很多。

由此而反映出來的有種種企圖開闢新領域的努力。有的人無法接受個別靈魂的存在，卻相信充滿宇宙大生命的存在。認為藉由死亡而脫離個我的存有，自己的生命將融入普遍的宇宙生命之中。另外，也有徹底的唯物生死觀，極為徹底地否定死後靈魂的存在。以為肉體的生命一旦結束，自己的有機組織隨之瓦解，並還原為各種元素的同時，精神活動也完全消滅。又，現代人一般都傾向以不知為不知，不做解決地，就這樣隨它去的心態也很普遍。關於死後的生命問題，人們發覺那是屬於可以實證判斷以外的東西。

◎取代自己的永恆生命

第三類生死觀是不求自我生命直接的永久存在，而是在自己的個體之外，尋覓能取代自己的永恆生命。藉由將自己的生命寄託其上，來解決生死問題。

一艘遭遇暴風雨侵襲而漂流，正瀕臨沈沒的船舶，眼看即將被吞沒於黑暗的大海之中。就在甲板上站著一個人影，將此刻他的最後手記封在空瓶內，投入怒濤洶湧的大海中。他很清楚地意識到，自己即將葬身海底，從這個世間消失。但是，決不能就這樣死去。因此，決定把傾注了即將消逝的自己最後想法的一紙血淚，寄託於空瓶之中。自己就要死了，但空瓶中的手記，並不會與自己的生命一同消失，終將有被人發現的時候。對自己生命的企求，以及連繫未來的一線微弱希望，就在其中。

聽說置身戰場的士兵，會不顧身體的疲憊，尋找空檔，在野營昏暗的燈火下，專心書寫手記或日記。也許在明日，自己就會如戰場上的露水般消失，但是這手記將不會與自己一同逝去，它是通往永恆生命的橋樑。感覺藉此寄託了自己的全部生命，在專心一意地凝視之下，希望因此而忘掉迫近的死亡，超越艱難的死亡關卡。

像這樣在面臨死亡的情況下，人們所尋求的是不與自己一起消失的東西。將自己與這個不滅的東西結合在一起，可以感受到永無止境的安慰心情。這種心情，便是第三類型生死觀的基礎。

但問題在於日常生活之中，能取代自己的無限生命，要從那裡去發現呢？在非常的情況下，可以把全部的生命寄託在一紙手記之上，但是，在一般日常的環境中，能取代自己生命的事物，並不容易找到。

什麼東西能成為這層意義上的永恆對象呢？

特定的對象是否可以成為永恆生命的象徵，乃依對象的客觀性質而定。但是，決定其是否為真正的永恆對象之關鍵，無寧在當事人的主觀作為。當事人在這個對象之中找到理想後，究竟能投入多少心血？貫注多少生命？如何讓它成為自己生命的支柱，使其透徹深入內心深處？如果能夠深深相應，也許就能從這個對象之中獲得與當事者生命的相通。

例如，全心投入藝術創作的藝術家，就在其作品中發現自己生命所難以取代的東西。當想到在千載之後遇到知音時，便感覺自己的生命也橫亙了千年之久。對自己肉體生命的執著，完全昇華在這永恆的藝術生命之光中。另外，自己的人生完全為愛子付出，一生辛勤努力的母親，盡是注視著愛子未來的希望，對自己的死亡毫不畏懼。因為在這個孩子身上，她已找到無限的、聯繫著自己的永恆生命。

人們在觀察自己的存在時，若以有限的視野來看的話，不過是單獨的、一個人的存在而已。但是，若是擴大視野來看，則是無限巨大關係網絡中的一個點。此刻身為一個人類的自己得以出現，在背後是持續著怎樣漫長的歷史呢？這裡有著生物的、人類的、民族的無限漫長之生成變化的延續。由於這樣的延續可說幾乎是無限長之故，所以其中的自己，不過是像趨近於無的一個小點。但是，這一點儘管微乎其微，卻是構成全體之連續不可或缺的一點。無視這一點的存在，全體也將無法成立。當深受此種關係所感動，而體認到這微小的自我也是支撐全體的一根支柱時，自己的生命與無限延續的生命之間，就能夠一脈相通。

站在這個觀點之上，為了民族而獻身的人，就能將民族的悠久發展視為自我生命的發展。而且，為了民族的昌盛，也能甘願捨棄自我的生命。同樣地，以全人類的繁榮與幸福為理想的人，在全人類之上，也將感覺到自己的生命在無限地擴展。

為了把握永恆的生命，必須擁有適當的目標。但是，若單只是目標具有普遍永恆性，那還不足以稱為永恆的生命。自己必須對其傾注心血，投入全部的生命，它才會成為輝煌的生命對象，也才能贏得超越人類肉體生命的永恆生命。

◎永恆的生命

上述所觀察的那些生死問題的解決方式，不管是肉體不死、靈魂不滅或是取代自己生命的永續存在，都是試圖將生命在時間上做延長這一點來求得解決之道。但第四類型所顯示的，並非從時間上來解決，而是將生命永存的問題，從時間的場合轉移到體驗的場合，也可以說是心理上的解決方式。它並不努力於延長生命，而是在當下一分一秒的生活中，去感受永恆的生命，以實際的體驗來掌握「永遠的現在」。由於感受到現在即是永恆之故，而能從死亡的煩惱中超脫，生死的問題也就自然而然地解決了。

例如先前所舉的藝術家的例子，我們不妨再次深入地去思考。假設有一個畫家，正如前述般，藉由其作品流傳後世，使他的生命觀超越了肉體生命而有所擴展。現在我們就可從他所完成的作品來追溯，看看畫家在創作這樣的作品時的心境。

當巨匠全心融入畫作之中，專心一意地運筆作畫，他長年所培養的繪畫素養、出神入化的技巧，凡此種種，都集中貫注在現在所描繪的主題和所要表達的意向之上，心境澄澈、毫無雜念，在融入忘記世界、忘記人間、忘記時間的境界裡，其內心深處將可感受到豐富的、深刻的特殊體驗。那或許可說就是一種永恆感、超越感，或絕對感。當這個光輝的體驗充滿內心時，就可以在時間的每一分每一秒之中感受到永恆。此刻的每一瞬間裡，就已包含著永恆。每一筆的揮毫作畫，都成為超越時間的永恆筆觸。

這是一種心理上的真實，也是能到達這種心境的人們，經由親身的體驗，所實際體證的事實。它並非基於觀念性的分析，具備那種可分解、組合之性質的東西。這是分析之外的體驗。

能到達這樣的境界，感受到此種體驗的人，永恆的生命便在其肉體上實現。對生命的執著，已經無法擾亂這種心境，死亡的恐懼也已無入侵的餘地了。

禪師們以單刀直入地到達這種境界，作為他們修行的目的。一再結跏趺坐修行，深入自己的內心，摒除一切雜念。在座上大死一番，甚而斷絕最後的自我意識，讓內心純一澄明。若能如此參透悟境，內心便為絕對之物敞開，在自身裡面感受到永恆的生命。即使到達這種境界，也決不會獲得肉體的不死。但是，這境地卻不會因有終將死亡的肉體，而在心中執著對生命的欲望，或因生死而產生心亂、煩憂或懊惱。這樣一來，生死的問題，在現實的肉身中就已得到解決。

像這樣在必然死亡的生命之中，發現超越生死的永恆生命，對高尚的宗教家而言，這常是最高理想之一。

那些相信有支配宇宙之神的人，也可以感受到這種永恆感。為了要讓神的理想在自己的身上實現，而充滿獻身熱誠地獻出自我生命，在其奉獻生命當中，而得到這種體驗。他們可以感覺到在神的懷抱之中那種永恆的歡欣湧上心頭，這並非因得到天國裡死後生命之允諾而有的永恆感，而是當下，這一剎那裡的永恆。因已與永恆的神結為一體，而在自我身上也能獲得的永恆。

森林深處，有人在神社的前院安靜膜拜，與神聖莊嚴的四周環境一樣，內心變得澄明清靜。不久，在如清水般澄澈見底的內心深處，神與自己結合在一起。此乃與神融合的瞬間。這個時候，那些世間生活中微不足道的祈求，都會消失不見，而只有超越時空的永恆感。

這種對永恆之剎那感知，並非只有在感情充沛的特殊體驗狀態下才品味得到。能夠真心感受這種體驗的人，必能在跟以往相同的日常社會生活之中、相同的天地自然之間，發現和從前迥然不同的光耀世界。就在尋常習焉不察的生活之中，便能找到永恆生命之所在。必然死亡的人間生活，就這樣成為永恆的生命。而，生死的問題自然而然地冰消瓦解。

◎死亡意義的變遷

生死觀的類型，依其特徵概括的話，正如上述有四種型態。但是，每個人心中實際抱持的生死觀，並非是由其中單一的特徵所構成，而是各種要素摻雜其中。多數的情況是以複合的形式來解決生死問題。譬如說，有不少人雖然相信死後可以在天國得到永遠的幸福，但當實際面臨危機時，還是無法承認死亡的現實會降臨到自己身上，始終懷抱著自己還不會死的心情，直到命終。另外，確信靈魂不滅，和在現實的世界之中發現取代自己生命的永恆之物，兩者之間也毫不矛盾，能夠在一個人的心中並存。

如此一來，雖然實際的生死觀構造是複雜的，但是，現代人的生死觀若和古代或中世紀人們的生死觀作比較的話，兩者之間，依然可以看出一種具有特殊傾向的明顯差異。

首先，儘管科學進步、社會發達，但是死亡這項事實，卻沒有絲毫的改變。死亡的事實，從古至今都是不變的。但是，死亡的事實不變，並不表示注視死亡的人類雙眼也沒有改變。人們對死亡此一事實掌握的方法，以及對死亡的態度，隨著時代的進步，出現緩慢而顯著的變化。死亡的事實雖說不變，然而死亡的意義卻改變了。而其變化很明顯地，隨著文化的進展、社會的發達而受到顯著的影響。

其中最根本的變化是，在現代人的生活意識中，死亡所占的位置，有逐漸縮小的趨勢。

生活在古代或中世紀社會的人，死亡也者，其近身的程度，現代人是無法想像的。人們每天都活在與死亡搏鬥的意識之中。就如席捲中世紀歐洲的黑死病和天花的悲慘事件所顯示的，社會對各種瘟疫疾病，幾乎毫無招架之力，只能束手旁觀人們一個個倒下。對瘟疫戰戰兢兢，戒慎恐懼，若有一絲絲喜悅也是來自於自己尚未受到感染。除了瘟疫之外，天災、饑饉、戰禍也不斷，人類大量的死亡。社會治安也遠不及今日，每當黑夜來臨，就會有死亡黑影迫近而來的感覺。人們因自然衰老而死亡者，無寧是例外的幸運者。多半都擔心因意想不到的疾病和災害，而在中途就死亡。

不但死亡的危機橫阻在生活之前，死亡之醜陋、悲慘的身影也毫無遮掩地暴露在每個人的眼前。埋在土中的屍體，被狐狸從墳場裡挖掘出來，任憑風吹雨打是常有的事。火葬所指的其實就是「送到荒郊野外」，昨日之前還活生生的親人的身軀，在蒼空下，燃起熊熊火焰，轉眼化作一堆白骨的悽慘景象，就在眼前直接呈現。社會治安稍一混亂，死在半路上的人，或瘟疫病患的屍體，被隨地丟棄在河灘、街角，任其腐爛。蛆蟲滋生，鳥獸啃食內臟。對活著的人來說，再沒有比這些更為深刻的實物教育了。

所以，死亡的問題若不解決的話，每天的生活將是艱難的。死的問題不解決，生的問題也無法解決。死亡是生命中最重要的問題，所以論說來世理想世界或地獄的生死觀，會令中世紀的人們像被磁鐵吸住般向其靠集的主要原因，便在於此。

然而，到了現代，那種每個人不用再為死亡耽心的社會環境，已經逐漸建立起來。死亡的身影，離現代人的視野越來越遠。預防醫學突飛猛進，衛生設備也獲得改善，現代人已不再將疾病視為不可抗拒的宿命，而能夠抱著疾病本來就可避免的觀念。另外，隨著治療和醫學的進步，若罹患過去等於被宣告死亡的瘟疫疾病，已不再必然代表死亡。天災或饑饉也隨著社會組織的完備、預防設施的充實，使其威脅明顯降低。其結果是，如果生下來就是健康的，原則上已增強了可盡天年的希望。出現在統計表上平均壽命的曲線一再上升，就是最具體的證明。由於長壽不再是夢想，年輕力壯時就必須煩惱自己之死亡的情形也明顯減少了。

死亡的醜陋面，也從現代人的眼前消失了。屍體處置設備之完備，將死亡所帶來的一切醜陋掩藏起來。送葬儀式的提升，淨化了死亡的印象。每個人都已很自然地認為死亡是一件聖潔的事。死亡已不再污穢。

這些對現代人而言，若與往昔相互比較，死亡的意義便有相當程度的改變。過去那種死亡的現實感，壓迫人心的真實感受，也明顯地降低了。社會不再受死亡的想法所困擾，而朝著能夠享受生命的方向，雖極緩慢但卻持續地改變著。

無可諱言的，戰爭會大規模地帶來許多人的死亡。對交戰國人民而言，那原已遠離的死亡，感覺一下子又回到了身邊。在戰爭中，死亡的問題吸引每個人的關注，與死亡有關聯的事物，如種種宗教明顯抬頭乃是當然的事。但是，這只是一時的現象。不久，當境內恢復和平，這種由特殊事物所產生的問題便將消失。

現代社會，傾向於製造美國哲學與心理學家William James所說的具有「健全之心」的人。對具備「健全之心」的所有人而言，如何快樂地、豐富地、充實地過現在的人生才是問題所在。死亡和老年一樣，是在對生命的執著減弱了之後，才靜靜地到來。問題可以放著不管直到那個時候，沒有必要硬將生的問題與死放在一起來解決。最重要的是，維護這人生，深入其中，掌握永恆的生命。在這樣的「健全之心」的社會中，第三、四類型的生死觀無疑要比第一、二類型的生死觀更占有優勢。

當然，社會的變遷是緩慢而漫長的。但是，生死問題的變化走向，似乎就此決定了。

（昭和二十三年，收錄於《宗教現象之諸相》）

死

◎痛苦

托爾斯泰的小說《伊凡・伊里奇之死》中出現的主角伊凡，是俄羅斯一位平凡的法官，大致在社會上也算成功，而且正值年輕力壯。

但是，他卻罹患了意想不到的疾病，若以今日來看的話，大概是癌症之類的病吧。只是他不清楚自己到底患了什麼病，是盲腸炎嗎？還是腎臟病呢？就在猜疑之中，人漸漸消瘦衰弱而亡。當他臨終時，腹部持續劇痛，肉體受到極大的痛苦。不過，意識在最後階段還很清醒。在垂死的病床上，伊凡有諸多的迷惘：

又過了兩週，伊凡・伊里奇已經無法從長椅上站起來。由於他很討厭躺在床上，所以就橫臥在長椅上。始終就這麼躺著，一個人凝視著牆壁，心中有著說不出的苦惱。那是永遠無法解開的疑問，心中一直思考著這個問題。到底怎麼回事?真的有死這回事嗎?曾經心裡有一個聲音答道：

「是啊！死是真的！」

「為何如此折磨人呢?」

馬上，聲音又答道：

「沒有什麼特別的理由。」

在他的心中，這樣的苦惱周而復始，病情卻毫無起色。終於，最後劇烈的痛苦向他侵襲而來。死亡之前的三日三夜裡，伊凡一再呻吟喊叫：

三天之中，他已絲毫沒有時間的概念。其間像是有一股看不見的、難以抗拒的力量，將他投入一只完全黑暗的袋子裡，他在其中拼命掙扎。就像被宣告死刑的人，雖知終究無望，但還是像企圖要從劊子手手中掙脫逃離般苦苦掙扎。他拼命地掙扎著，卻毫無用處，每一分每一秒，他都感到逐漸朝著自己最恐懼的方向移近。

伊凡就這樣死去了。

死亡這個東西，健康時的伊凡，當他在法庭及社交場所活動時，從沒去想過。而就如同他自己從沒想過一般，當伊凡被這個絕症纏上之後，對他的家人及朋友而言，死亡也只不過是別人的事罷了。因此，伊凡自身的痛苦，無人可以理解。那種無法言喻的苦惱，更不可能向人傾訴。儘管周遭有很多的人，但是當伊凡面對死神時，就只有他孤獨一人，在無助孤寂之中，走向死亡。

人們是否確實體認到，死亡不會僅是伊凡一個人的命運呢？死亡是千萬人的宿命，死亡的痛苦等待著每一個人。就算此刻健康地享受人生的人，十年、二十年的歲月，很快就會過去，最後終將面臨相同的命運。所有的人，終究必得和劇烈的肉體痛苦、無止境的精神苦悶面對面的。

幾乎在所有的情況下，死亡都會伴隨著肉體的痛苦。所謂生物也者，似乎就是被創造成若沒有肉體痛苦的話，便無法結束生命一般。即使我們從進化論的適者生存理論來看，這也是不得不然的情形。所以只有對肉體痛苦這危險信號敏感的人，才能細心保護自己的性命而存活下來，也因此能成為適者而將更多的子孫留傳至後代。是故，在臨終時一定得經歷肉體痛苦一事，乃是所有被賦予生命者莫可奈何的宿命。

因此，關於死亡的痛苦，每個人首先想到的，就是死前肉體的痛苦。像高燒持續不退，胸部被勒緊般痛苦，呼吸困難，脈搏紊亂，喉嚨因咳嗽而哽住。由於神經異常的激動與不安，夜晚無法入眠，不得不眼睛睜得大大的，望著黑漆漆的四周，度過黎明前漫長的時間。原本美麗的肌膚，也失去光澤而轉為青黑，人也變得瘦弱而醜陋。終於，最後的痛苦來臨，口吐白沫，大小便失禁，在喘息中，嚥下最後一口氣。

這些光只用想的，就已令人毛骨悚然。自豪於健康、每天快樂的生活、打扮得漂漂亮亮、期望展現優雅舉止的自己，卻有如此令人恐懼的痛苦、醜陋和悲慘，正張著黑色的大口在前方等著。

因此，每個人都會想，死亡來臨前能否沒有任何病痛。以為若是沒有痛苦，死亡也就不會那麼可怕了。

但是，這種想法太過天真，而且把問題給混淆了。由於死前的痛苦如此劇烈，以致人們將它與死亡這個東西的痛苦混同來看，而以為如果能消除臨死前的肉體痛苦，死亡的問題大概就完全解決了。可是，問題並非這麼單純，在死亡的痛苦中，其實隱藏著更可怕的陷阱。

肉體疾病的痛苦，就算再苦，也是臨死前的事，它不過是半途的、間接的痛苦，並非死亡這個東西本身的痛苦。死前肉體上的痛苦，與死亡這個東西所帶來的精神上的痛苦，是兩回事。死亡的痛苦，可說有雙重的構造。有別於半途的肉體痛苦，在其深處尚潛伏著死亡本身的、直接的痛苦，兩者不應被混淆。

實際感受死亡本身所帶來的精神上的痛苦，會是多麼的強烈呢？多數人都一無所知。而無寧可說就因平常的不知，人類才能幸福地活著。但是，在面臨死亡的時候，情況將完全改觀，人們終要察覺到它。這種如被刺穿般的痛苦，會是如何強烈呢？人們將錐心刺骨地感知它刮挖般的痛苦。對人類而言，所謂死亡的痛苦，反過來說，就是對生命的執著。也就是對於這即將被切斷的生命，由未能滿足的生命欲望之強烈抵抗所帶來的痛苦。那是一種生命的渴求。

人們在日常的生活中，當生命的安全受到社會、醫學的保障而活著時，便不會有對生命的渴求。因為正飽嘗生命之故，因此，對生命的執著，也不會在表面上出現。人們甚至都未意識到，自己對生命的執著，會是如此的強烈。

當吃了很多食物，覺得肚子已飽的時候，就不會有食欲，和這個是相同的。我們可以抽象地、在觀念上討論空腹跟食欲，但它和自己本身的空腹及食欲，完全是另外一回事。生命欲望的情況，也是這樣。生命的安全受到保障，飽嘗生命的人所談的生命欲望和死亡的問題，不過是抽象的觀念，只能算是思想上的遊戲罷了。

但是，一旦生命的安全受到威脅、意識到有生命的危險時，對生命的執著，馬上就會出現，而且它會露出獠牙般啃噬著人們的心。人類生命的奧秘，最顯著之處，在於無從得知什麼時候生命會結束。當清楚明白死亡的確定時刻時，這種攻勢才開始激烈地進行。想活下去的欲望將全力動員，搖撼當事人的整體生命，無休無止。最極端的例子，便是死刑犯。我覺得死刑犯精神上的痛苦，決非筆墨所能形容。死刑犯感受死亡的痛苦，絕不是僅僅在絞刑臺上被執行死刑的時候，其痛苦是早在被宣判死刑之際就開始了。他的心中從那一刻開始，就已掀起可怕的風暴。如果能活三天就是三天，能活十天就是十天，在這段時間裡，內心無時無刻不在浴血交戰。要是有二年、三年非得獨自在牢房中凝視著死亡，忍受這種時時刻刻的痛苦的話，精神狀態將會變成怎樣呢？如果有很多死刑犯因此而發狂，也不足為怪。這是一種精神上的折磨直到死亡。在這種必死的情況下對生命的執著，決不單單是觀念上的思惟。它乃是更直接地、超越人類思惟地，從肉體的深處劇烈地逼迫而來。死亡的恐懼也是生理的，這一點，吾人可以藉由食欲的情況得到實質的感受。空腹感、飢餓感，對當事人而言並非理論而已，而是不容分說地，從胃底開始升上來。同樣地，對生命的執著，也在人們的全身四處游走，整個心像怒濤洶湧，手腳末梢的每一寸細胞都在沸騰。在這種直接的、生理和心理的死亡恐懼之前，平常所依循的觀念上的解決之道，都只變成單薄的存在，沒有能力可以對抗這種激烈的死亡攻勢。任你是聰明人也好，有學問的人也罷，也都嚇得渾身發抖，成為妄念的俘虜。會出現種種驚慌失措，其原因就在於此。

◎人總是遺忘

死是一定會來到的，現在活著的任何人，無論如何，都會死亡。死亡來到的話，自己就得永久地從這個世間消失。

然而，這必然的事實，出乎意料地，人們於日常生活中，卻多半不會具真實感地浮上其心頭。健康的現代人，認為對自己而言，死亡還離得很遠，甚至以為只有自己無論怎樣都不會死一般。

人們對能活下去的自信，實在令人驚訝。雖然不知道明天會如何，但只要擁有健康，人們的心中就毫無死亡的陰影，也沒有死亡的不安。深夜，醉臥在東京國家鐵道的月臺，在長椅上酣熟入眠者的姿態裡，深深刻劃著為生活奮鬥的痕跡，但是，看不到死亡的陰影。正如今天一天活了過來，明天也還能活下去，這件事對他而言，是毫無疑問的，也是理所當然的事。就這一點來看，人類可以說是無限樂觀的生物。健康的人，對於生命所抱持的安心感，如果仔細地加以思考，實在是一種驚人的、強而有力的東西。拜其所賜，人們才能在平靜的心情下活著。從理論上來說，每個人雖然與死刑犯有相同的立場，但卻可以不受死亡的恐怖威脅而活下去。假如，沒有這種自信與安心感，人們會變成如何呢？相信對於人生的態度，一定會有完全不同的轉變。

在《徒然草》（日本作家吉田兼好寫於一三三〇～一三三一年之間）裡，兼好寫到了有一次他去賀茂看「賽馬」的情形。

當時有很多人聚集混雜在那裡，有一個法師爬上高大的栴檀木上觀看著。當這個法師在樹上觀看的時候，竟一邊打起瞌睡來。只見有時他好像就要從樹上掉下來，但就在快掉下來的時候，便又馬上醒來，趕緊抓著樹幹。許多人看到後雖然覺得好笑，但仍罵這個法師是不知死活的笨蛋。兼好見到這種光景，心中卻別有一番體悟。他以異於常人的想法，反而對那些口出惡言的眾人提出批判：

> 吾人都以為生死之到來，似乎不會就在此刻。忘記生死，得過且過，最愚笨之事莫過於此。

連一瞬間都無法事先得知的、不知何時會死亡這件事，任誰都一樣，不僅是樹上的法師而已。正在觀看賽馬的大眾，每個人也都一樣。忘記自己的這項命運，卻只愚蠢地嘲笑樹上的法師，吉田兼好這般指責著。

健康的人們，忘記了死亡不知何時會到來，一天一天地生活著。雖知終究會死亡，但卻總是以永遠不死般的心情活著。

關於這一點，嚴格說來，人們的日常生活乃是建立在一種欺騙之上。這是一種毫無惡意的欺騙，但是，也可以說沒有比這個更深刻的謊言了。這個欺騙對現代人來說，尤其明顯。因為現代生活的幾個要素，使得這個謊言更加容易成立。這些也可以看成是現代文化所具有的必然性格。

第一，生活水準顯著的提升，更加助長了此一謊言。由於生活水準的提升，使死亡遠離日常生活的表層。首先是人類平均壽命有驚人的成長，其次由於醫學技術的進步，臨終時肉體的痛苦也被減輕了。不但如此，由於社會設施的完善，屍體的處理被美化，死亡也不再醜陋。這些都改變了人類原先所認知的死亡意義。對於古人曾經如何一天到晚地耽心死亡而生活著，現代人已經無法想像了。現代人是如此執著於生命的自信，遺忘死亡而活著。

第二，現代社會的分工組織，帶給現代人的人生觀巨大的影響。人類的生活因為分工組織發達的結果，已成為部分的、片斷的。現代大眾的生活，從中並無法看出一件工作的整體，而只是被安排成在片斷的部分上，作片斷的勞力出賣。這種生活面貌，也必然限制了人類的思考模式。整個生活態度會成為片斷的、短暫的，也是不得不然。人們對眼前的刺激，反應十分迅速，然而，卻並不站在人生的整體上作宏觀的思考。自然而然地，要他去思考人生極致的死亡這種事，就變得很困難。

第三，就是以效率為中心的機械文明。都市社會，逐漸被改造成以機械為中心的結構。要適應高效率的機械，人類也必須是高效率的。機械一損壞，馬上就丟棄，而以新的機械取代。人類如果也病倒了，或失去生命，不再有用的話，就必定會被健康有效率的人所替換，死去的人很快就被遺忘了。機械文明的社會，正是一種只為健康的人存在的社會。現代社會可說具有像是不承認死亡般的結構。

蘊含這種特徵的現代文化，還有一個性格，就是它是屬於大眾型的文化。在現代，由於個人的覺醒、通訊交通機構的發達、大眾傳播盛行……等等，將現代文化日益變成大眾化之物。而人類的社會，無論在何種情況下，病人都只是少數，多數大眾都是健康的。因此，以大眾為中心的文化，就是以健康為取向的文化。而現代文化無疑擁有這種性格。

在這種文化環境中長大的人們，即使會忘掉死亡地生活著，也就毫無不可思議之處了。如果對此加以指責的話，那無寧說是與現代文化的走向背道而馳了。

但是，現代社會縱使已忘卻了死亡，卻不表示每個人已解決了死亡的問題。再說人類也不會就此不死，問題終究還是留存下來。

◎死亡一定會到來

人類都會死亡
我是人類
所以我也一定會死

這個三段論法，自古以來，早就是陳腔濫調。然而，即使在今天，它還是不動如山的真理。人們忘卻死亡，對於生命過於自信，與一定會死的事實，就像兩條不相干的直線。在人們的心態上，它們無論如何都是兩條不會交叉的平行線。但是，就現實上的事實來說，這兩條直線一定會相交。至今為止，從來就沒看過這兩條線不相交的例子。當兩線相交時，在這個交叉點上，人類的生命將完全被否定，而人們的自信也會被毫不留情地踐踏。

人們對於自己生命的自信與安心感，就好比是結在心之表面的一層薄冰，不過是薄薄的一層意識層而已。如果掀開這薄薄的一層，裡面盡是危險的生命現實，死亡不知何時會襲來。死亡磨著利牙，張開黑暗的大口，隨時隨地在悄悄地靠近。

但是走在薄冰之上的人，卻未察覺自己所踏的薄冰是那樣地脆弱。只是倚靠在不知何時會開始崩潰的安心感之上，依賴這個不可依賴的東西而活著。

如果死亡真正向自己襲來時，情況會變成怎樣呢？在床上嚥下最後一口氣後，自己這個不再呼吸的屍體，將被裝進棺木中，送到火葬場。這個身軀隨即被丟入如牢獄般的火葬場燒窯中，轉瞬間，燒成灰燼。自己只成了白骨與骷髏燒剩的一堆骨灰，永遠從這個世上消失。

自己的死亡，究竟是怎麼一回事呢？它意味著此刻正思考著事物的這個自己消失了。對自己而言，也就是一切東西都消失。這樣說來，即使試圖想加以思考，死亡也無從思考起。不但無處掌握，而且光只是想，就讓人毛骨悚然。

認為死亡離自己還遠，那是各人的自由，不妨也可以說這是健康者的特權。但是，全然安心活著的人，有時說不定死亡反倒已近在身邊了。

死亡突然來到，在意想不到的時刻來到。不，無寧應該說死亡只會突然來到才對。它無論什麼時候來到，當事人也只會感覺是突然而來的。因為全然安心地活著的人心，對死亡是沒有任何準備的，現代人的情況更是如此。平時全然忘卻死亡，一旦和死亡照面，保證會驚慌失措，不知如何是好。

而且，死亡一旦到來，事實上是很快的。它實在是隨意地來。不僅隨意，而且還旁若無人。死亡即使是在不該來的時候也會來到，在不該出現的地方也不在乎地出現。就像你把客廳打掃得乾乾淨淨，它卻不脫鞋子，魯莽地闖了進來。如此蠻橫無理，你說過不過分？你要它稍等一下，它也絕不等待。這人間力量無能阻擋、撼動不了的怪物！

◎毫無辦法

人類無論如何都一定會死，但是，無論如何又不希望死，這個矛盾到底要如何化解呢？對此尋求解決之道，值得人類拼命戮力以赴。人類自有文明以來，就被這矛盾所困惑。為了要解決這個問題，人類最優秀的頭腦，無不絞盡腦汁，思考一切的可能。

想要獲得永遠的生命，不死的生命，該如何做才好呢？這件事必然成為人類思索與努力的目標。難道無論如何努力，都不能贏得這永遠的生命嗎？

貫穿人類的歷史，為此所進行的最為廣泛的努力，便是對人類死後理想世界的描繪。這種想法認為在這世間的生活結束時到來的死亡，絕不是人類生命整體的、最後的死亡。人類的生命還可以延續下去，在「彼世」等待我們的，有著天國、有著極樂世界，甚至也可能是地獄。

另外，在東方還有一種特別的思想，那就是認為人死了之後還能轉世投胎，這種想法相當普遍。也就是說死後可以改變形體再次降生於相同的這個世界，這就是輪迴的思想。所謂的「七度轉世，為國盡忠」的這種想法，就是建立在這個思想之上。

中世紀以前，很多人確實相信這些思想。或許因為相信它們而無憂無慮地死去也是可能的。

但是，對現代人而言，這又如何呢？現代人對於「來生」的存在，還會真確地相信嗎？少數的人，或許在今天仍然相信這些。即使在現代，確實仍有極少數的人描繪著自己會在美麗的永恆花園裡，受到幸福圍繞地生活著而死去。臨終前精神漸衰，因天上世界的幻覺而能夠含笑以終的人，無寧說是幸運的。

但是，現代已不是中世紀了。近代思想賦予每個人心中批判人生的新觀點，大部分的人已不再相信「來生」的存在。「來生」的陰影越來越薄弱，已逐漸從現代人的心中消失。果真如此的話，那麼在中世紀前曾經如此有力的解決之鑰崩潰之後，所留下的是什麼呢？只能說它留下的是，像巨大蛻殼般的謎樣的黑暗。

假如對生死問題的這項解決方式已失去力量，那麼除此之外，還有怎樣的解決方法呢？

自己即使死亡，也會留下自己完成的東西，這種想法也算是一種解決。「人雖死，名猶留」，家人及近親朋友，也許還會記得自己的事跡，不時懷念，並到自己的墳前祭拜祭拜。

這種想法，確實是一種安慰。而且不僅只是安慰而已，最近的心理學研究，似乎也支持它可作為對死亡問題的部分解決。這乃是對自我構造進行心理分析所獲得的結果，這種意識被證明也是自我意識很重要的一部分。但是，這個結論充其量也只有部分的安慰作用。因為能夠真正將自己對生命的執著，全部寄託在後人的懷念之上而從容不迫死去的人，畢竟少之又少。

追根究底，人類都希望自己本身永遠不死，也就是夢想此刻以自己的名字思考著事物的這個自己，能夠一直活下去。假如這個自我意識不能聯貫的話，縱使繼續活著也沒有意義。

從前秦始皇為了自己肉體生命的延續，不惜做任何的努力。據說他為了求取長生不老之藥，還特地遣使到東海盡頭的日本。這猶如小孩子的夢一般，終究是毫無結果的掙扎。但是，現代人果真能夠嘲笑此事嗎？現代人在面臨死亡的時候，比起秦始皇，在態度上又好到那裡去呢？

當罹患有可能會死亡的疾病時，現代人會怎麼想呢？大部分的現代人，對此心理上都沒有任何的準備，因此，除了將生命交給醫生之外別無他法。但是，醫生決不會讓病人面對死亡，這已是現代醫學一貫的作法。醫生不會對病人說：「你已經不行了，要有心理準備。」即使是在最危急的情況下，也會說：「還不會，還不會，沒有問題。」在死亡的恐懼侵襲下，不顧一切拼命想捉住點什麼的垂死病人，也自願被這種話欺騙，百分之百地相信。而且硬是將臉別開，不去正視逼近而來的死亡。只會憧憬著身體再度康復時的種種情況，在其脆弱的內心裡，尋找一絲絲希望之光。

就這樣，瀕臨死亡的病人只會時時刻刻緊握著殘餘的生命。這個時候，疾病逐漸影響到腦部，意識陷入混濁。也就是說現代人只曉得依賴肉體生命，終於到最後都未意識到死亡地死去。這就是一般人的死亡方式。將肉體生命的延續當作唯一的依靠拼命地攀住不放的態度，跟秦始皇一點也沒有什麼不同。

那麼，死亡的問題到底會怎樣呢？無論如何有可以解決的方法嗎？可以讓現代人都能輕易接受的解決方式，似乎永遠也找不到。無處著力正是問題的真實寫照。但是，這個問題不能說是無處著力就可以應付過去。不管是否有解決的方法，死亡都將以實際的事實逼迫而來。只有死亡的逼近這件事，是撼動不了的、宿命的事實。

死亡的問題，對世上的每一個人而言，總是反覆地被提起，它是一個無論如何都要解開的疑問。雖說無論如何都要解開，卻怎麼也解不開。或許，這將成為永遠的謎，永久地留在世上了。

（昭和三十三年，載於《每日宗教講座》第二卷）

現代人之生死觀

◎生死大事

禪僧自古以來即在解說人的「生死大事」，從正面揭示死亡的問題，直接的面對它。修行人一定要打破這個生死的問題。但是，在座上大死一番，所謂徹悟生死，並不僅是為了解決死後的問題，其目的，還不如說是為了解決生的問題。尋求「開悟」的目的在使自己對人生產生真實而良好的生活態度。如果生的問題得以解決，連帶的，死的問題也自然迎刃而解。把解決人生問題的關鍵，放在死亡問題的解決之上，以此來解決生的問題，甚或因而自然地解決死亡的問題，即是禪的方法。

在此我也想要試著採取同樣的思考方向，把焦點集中在死亡之上，來思考人類的問題。但把焦點集中在死亡的問題之上，並不是要探討有關人類死後的生命問題。「來生」之存在與否，在這裡並不是討論的重點。因為死亡對人類而言，是對人生的總清算，不論在任何時代，都是人類的一件大事。因此我想把焦點集中於此，從死亡的角度，來探討人類的問題。

從這個角度來衡量，現代人對死亡的態度可說因人而異。這種態度大致可分為兩種類型，我想現代人也能夠依此區分為兩類吧。其中一類是屬於忘卻死亡而生活的人，在現代社會中，大多數人都屬於這一類。另一種是活在死亡威脅下的人，與前者相比，這類人實在是少數中的少數。但是這類人與前者截然不同，在思考現代人的生死觀時，是不能被忽略的重要部分。我想以這兩類型為線索，試著來分析現代人的生死觀。

◎忘掉死亡的幸福觀

如果把焦點集中在死亡問題的話，那麼近代文化幾乎可以說是讓人忘掉死亡的文化。

近代文化以科學與技術的發展為背景，以機械為動力的來源，而機械並沒有所謂的死亡。在工廠裡所有的機械都以最高效能在運轉，若是其中一部機械發生故障，導致生產效能降低的話，這部機械馬上就會被淘汰，換上一部新的機械。那部被淘汰的機械並不是「死了」。在近代的生產過程中，機械並不被視為是一個生命的單位。對即將被淘汰的機械發出感傷，在以高效率為本位的生產活動中，是沒有必要的。被淘汰的機械，或許還可以當成廢鐵再利用。

近代產業的生產過程，是集中在所謂高效能這一點上，而構成生產過程的基礎，則多為能確保高效能運轉的「健康」機械。在這個意義上，近代的生產機構，往往以健康為取向，使健康的、充滿效率的活動，成為一種常態。在其中工作的人與機械一樣，保持最高效率地工作，就成為一種前提。生病導致效率下降，這種人與機械一樣，都是要被其他人所取代的。因而產生了只有健康者存在的生產機構，近代社會便是配合著這樣的生產機構而形成。近代社會在性格上，也就成為以健康的人為標準取向的社會。這樣的社會並不能說是健康的，因為被允許參與的人，全部須以有效率的健康者為限。

這種僅以健康者為成員的社會，會忘掉人類死亡的問題，乃是理所當然。自己就如同機械一般，必須常常保有健康的思維模式，以便在這個社會占有優勢地位。因此，人們的死亡，就全被當作是他人的事來處理。然而死亡的警告就在眼前，像在交通最繁忙的東京十字路口，常張貼有每天因交通事故而死亡者有幾人、受傷者有幾人等等的告示。但是，對於凝視這些告示的現代都會人而言，這些都是別人的事。忘卻死亡的現代人，因為汲汲於滿足自我的生命欲求，因此不願將那些告示與自己的死亡問題聯繫起來思考，只將它當作與自己的死亡沒有關係的遙遠事物，過眼即逝。對這一類型的現代人而言，死亡不會成為自己的問題。

現代人過著忘掉死亡的生活，原因當然並不止於此。平均壽命的延長，亦是重要的因素。

在中世紀，活到五十歲就可以算是長壽了。在現代，五十歲的人卻是勞動力最強的時候。要被稱為長壽，就非得活到七、八十歲不可。人類平均壽命延長二十年，並不僅是數字上的意義而已，在數字背後，蘊藏有無數眾生的生活面貌。平均壽命只有三十歲左右的社會，人們從一出生開始，就必須不斷與接踵而來的激烈死亡威脅搏鬥。疾病、飢荒、社會不安、天災地變等四處肆虐，人們的抵抗力量是如此薄弱。不管幼年時代、青年時代，乃至壯年時代，總是在死亡的威脅下討生活。現代人與之相比，是生活在距離死亡很遙遠的環境裡。公共衛生設施飛躍地進步，疾病或死亡有時候還被當作是美好的事物看待。

這種現代社會的生活，便具有使個人忘掉自己的死亡壓力的作用。人們每天竭盡全力在競爭激烈的社會中生活，像《方丈記》中的鴨長明一般，把人生看作是漂浮的泡沫的人少之又少；也很少人如《徒然草》的作者吉田兼好所言，認為人生是無常的。可以說，人們根本無暇思考人生真義，這或許就是現代人真實的心情寫照吧？因此，忘卻自己的死亡而生活的現代人，會如此之多。

人們忘掉死亡，日復一日地過日子，從另一方面來看，也算是一種幸福。它意味著生命的充實，也可看作是近代文化的恩澤。對死亡焦慮不堪，絕非幸福的生活方式。然而，全然忘卻死亡，人人都以為自己擁有永久的生命，難道真能為人類實際的生活帶來幸福嗎？這其中還有值得深思的問題。如果，近代化可以使人類的生命無限地延長，出現像不死鳥般的人類，那又另當別論。但人類由於終會死亡，亦即人們是面對著死亡而活，過度忘卻死亡而生活，我並不認為會為人類帶來真正的幸福。

◎現代人對死亡的態度

近代社會中，屬於忘掉死亡類型的人，雖然占大多數，但並非全部的人都如此。與之立場相反的另一類人，雖是少數，卻的確存在。那是受到死亡威脅的人，這類人也許數量不多，但是他們的人生觀卻非常深刻。他們在晦暗、孤寂的氣氛中，獨自凝視著逼近而來的死亡，活在恐懼之中。忘卻死亡而生活的人，事實上，說不定那天就會陷入這一類型之中。

所謂對死亡的恐懼，若從心理學來分析，其根源被認為是建立在無法滿足的生命欲求上。遭受阻擋的生命欲在心中激盪、發酵的結果便形成對死亡的恐懼。生命欲在性質上和食欲類似，在胃腸滿是食物時，無法實際感受到食欲。這時候的食欲，只是抽象概念的事物。一旦空腹時，食欲就會變得很強烈，令人坐立不安，並且會強力而持續不斷地刺激著人心。

生命欲說來也是這麼一回事。在人類對自己的生命充滿自信時，它是不會發生的。在全然忘卻死亡的時候，生命欲也不會抬頭。生命欲是人在意識到自己的死亡時才產生的。對那些忘掉死亡的人而言，生命欲不過是抽象的概念。它不是實際的感受，只是旁人的事。但是，一旦意識到死亡，就會初次形成真實的感受。當自己清楚地意識到某月某日之後就不再活著時，強烈的生命欲就會源源昇起。因此，一般人對於死亡可說僅止於觀念上的認知，無法把握其真實的感受。就這個意義來說，死亡在心理層次上與肚子餓有相同的性格。人們在昇起對死亡的真實感受時，就會初次在身上感受到生命欲是如何的強烈，並且會發現，自己之前對死亡的意識不過是觀念性的東西而已。

死刑犯或被宣告罹患癌症的病人，是這一類人最典型的實例。這些人知道自己所能存活的時間有限，生命欲處在被阻擋的狀態。對生命的執著，日夜在心中翻滾沸騰，並且毫無解決之道。雖然生命始終受到死亡的威脅，但除了持續對生命欲展開激烈的攻防戰之外，別無他途。那是真正的死亡到來與人類的意識停止活動之前，一場永不止息的戰鬥。

死刑犯與癌症患者的例子，或許稍微極端了一些，不過即使未到這個地步，那些精神耗弱地意識到死亡，受死亡威脅的人們，在現代社會中卻出奇地多。忘卻死亡這一類型的人，並不是要去解決人類的死亡問題，或可以讓人不死，而是抱著死亡的炸彈在生活。因此之故，若是周遭的狀況有所改變，很可能一夕之間就會成為受死亡威脅這一類型的人。

當自己直接面對死亡的時候，現代人是脆弱的。現代人對死亡的對策是一無所知，對死亡的心理準備也幾乎全無，這就是現代人的特徵。

特別是傳統上廣泛被用來解決的方法，到近代已逐漸失去它的效力，而使問題變得更加困難。這種所謂傳統的解決方法，就是相信「來生」的存在。相信個人的生命，死後可以繼續存在。從前的人，對此能夠比較單純地加以相信。因為使這種信仰變得困難的近代科學思想，在當時並非強而有力。藤原道長享盡世間貴族生活的榮華，到最後臨終時，雙手緊緊握住連結在畫像阿彌陀佛之手的紫色繩索的一端而死，因為當時的人相信這樣做就能到達西方極樂淨土。

關於「來生」的構想及構圖，乃是隨著宗教及文化的差異而有所不同。但是，不論何種形式，在保證死後生命的存續這一點上，是完全一致的。如果死後生命的存續得到保證，對人們而言，死亡的意義就有重大的改變。肉體的死亡，並不是生命的終了，死亡成為不過是改變生命狀態的一個轉折而已。死亡成為假的別離，一切不過是「再相逢」前暫時之事。死亡比起這一世的生活更加輝煌，而且還伴隨著對理想世界的期望。

但是，這種「來生」的想法，逐漸在現代人的心中失去著力點。我們可以這麼說，死後的人能夠再度住在物理世界的這種想法，幾乎已走到近代人所能理解之極限的對面。

現代人在面對自己死亡時顯得脆弱，並非僅是「來生」的信仰消失之故，更根本的原因是，現代文化中，無法以文化的型態形成對死亡的心理準備。如我們前面所說的，那是因為現代文化的主流是忘卻死亡的文化之故。《葉隱論語》所謂「武士道視財富與死亡為身外之物」的立場，在近代社會會消失得無影無蹤，也是理所當然之事了。然則，重視「視死如歸」的風氣，也變得非常淡薄。現代人要在現代文化中，擁有培育對死亡之涵養的機會，並不容易。是故，在現代社會中，那些受死亡威脅之類型的人所擁有的煩惱，比起中世紀的人，或許還更嚴重吧！

◎對死亡的心理準備

現代人對死亡該有怎樣的心理準備呢？

無論近代文化如何使人忘卻死亡而生活，它並不被認為會為人類帶來真正的幸福。如果做為人類而忘記死亡，糾纏於可以獲得永生的錯覺之中，自我的人生規畫，終將以失敗收場。不論這錯覺具有近代文化什麼樣的性格，人類如果因為忘記死亡而得到短暫的安逸生活，並因此而錯失了人生的深意，或許也是不得已的吧！但人們依舊無法對死亡視而不見。正視事實，不掩蔽真象，是近代人唯一能接受的態度。人類必然會死亡這件事，也應該會留存在人類的意識之中。

但是，所謂不迴避死亡的問題，並非是要在死神的面前一直害怕顫抖的意思。現代人所應有的態度，既不是忘記死亡這一類型，也不是受死亡威脅之一類，而是對必死之身有充分的自覺，同時具有無懼於死亡威脅的態度，能夠持續堅強地活下去。

要怎樣做才能有這樣的態度呢？這對現代人而言，正是死亡問題的焦點。現代人在生死問題上，並不能從死後的「來生」去解決，而是要在現實人生之中，尋求解決之道。這是每一個活著的人，必須面對的課題。

這個課題的解決方法，並非一致，或許有種種的可能。不過此刻在這有限的版面之中，我也只能就我所知提出我對這個問題的解答。

我認為解決近代人生死問題的方法，一言以蔽之，就是「好好地活著」。每一天都真正好好地活著，或許就能掌握生活的意義。這樣一來，生的問題獲得最好的解決之際，也能夠得到對死亡問題的解決之道。

那麼所謂好好地活著，到底是怎麼一回事呢？

為了要「好好地活著」，人們首先一定要對人生確立一個前瞻性的理想，也就是要擁有人生的理想。這裡所謂的理想，並非指片斷的生活目標。通過升學考試或是建立美麗家園之類的生活目標，都不是這裡所謂的人生理想。人生理想指的是更綜合、更基本的東西，人必須以此來思考自己一生的道路。將專業分工與勞動力分割強迫加入人類生活之中的近代文化，往往讓人輕易地迷失了人生的理想。能夠透視自我全部的人生，反省不知何時終會死亡的自我，以此建立明確的人生理想，並不是一件容易的事。但是，為了要好好地活著，這卻是不可或缺的前提。

這個人生的理想所指的，並非只是在世俗的社會中揚名立萬、出人頭地，或是賺取鉅大的財富，而是與人生真正的幸福與否，有著非常密切的關係。每一個人必須從自身去考量自己真正的幸福是什麼，並且以此確立人生的理想。這樣的理想，出乎意料地，常常在生活的四週就可以發現。藝術家以創作滿意的作品，作為他人生的理想；企業家以企業發展為其人生理想；醫生以治癒病人為人生理想；母親則從養育子女之中發現其理想。如德國神秘主義思想家Jakob Böhwe（一五七五～一六二四）所言，在製造美麗的鞋子時、在服務的人生中發現人生的理想，也是有可能的。

如此，在心中確立明確的人生理想，朝著這個目標，全力以赴，這就是所謂「好好地活著」。為了要好好地活著，就要朝向這個理想，奉獻自己的一切，懷著對全人類的感謝來追求這個理想，這是最重要的。

比起能否實現這樣的人生理想，這種心態才是焦點所在。理想能否實現，事實上並不是問題，反倒是專注於追求理想的一貫生活本身，才是所謂的好好地活著。

如果我們用心於所謂好好地活著的生活，會發現對每一個人而言，都存有比其自身還更重要的事物。就藝術家而言，其心血結晶的作品，或許就是其中之一。企業家的話，則是其投注所有精力的事業。做母親的就算拼了命，也要教養好自己子女的這種心情，也是其中之一吧！就這樣，比自己的生命還更重要的東西，就會出現在自己的生活之中。一旦這種情況出現，從另一方面來看的話，當事人就會奉獻自己、犧牲自己。然而事實上，當他在犧牲奉獻的同時，也使得自己能夠真正地好好活著了。如此一來，若真能使自己好好地活著的話，死亡的問題也就自然而然地在其中被化解了。

在追求理想的生活中，會出現比自己生命還重要的東西，也就是所謂超越自己生命之物。它不會隨自己的死亡而消失，更是死亡威脅不了的。人類處在爭鬥如此激烈的環境裡，只有它才是我們內心強而有力的支撐。所以，好好地活著，是我認為解決生死問題最重要的方法。

但是，在注重機械與分工的現代社會中，要確立這樣的理想，並使這個理想融入生活之中，並非易事。在這種性格的現代社會中，人類要如何做才能找到正確的生活之道呢？它的具體做法，正是考驗生活在近代社會中人的一大課題。

（昭和三十五年六月，同年刊載於《綜合文化》七月號）

人與宗教

——找尋問題的所在

◎從新的角度開始

被響徹在現代社會天空上的宗教鐘聲所感動的人很多，那並非是為死人弔唁的鐘聲。現代社會是否存在憑弔宗教壽終正寢之音？宗教最終將會滅亡嗎？宗教已經成為社會無用之物了嗎？如果說古老的宗教正走向滅亡，那麼取而代之的新東西又是什麼呢？究竟宗教在現代人的生活中，占有怎樣的位置呢？對這些問題，我們必須排除傳統的壓力與教會的權威，直接提出討論，並且要大膽、尖銳地予以檢討。這一刻已經來臨，而且現在提出或許還太晚了。

先從死亡的問題開始探索吧。人們無論喜不喜歡，終會死亡。死亡是人生的結束，並逼迫人們為一生作總清算。而擔負解決這個問題的重任，主要即為宗教的工作。

自古以來，站在俯看死亡深淵的斷崖之上，因而悟得生命意義的例子很多。意識到死亡，是徹底探索人生的大好機會。是故，先藉著與死亡面對面的機會來解決死亡問題，並以此為基礎來面對人生問題的這種方法，就成為人生觀的一個類型。死亡的問題與人生觀之間，確有極為密切的關係。

但是，隨著近代文化的演進，社會生活的水準也跟著提昇，死亡的意義也因而改變。人們並不是因此就不會死亡，只是在一般大眾的日常生活中，死亡的陰影已逐漸地淡薄。平均壽命明顯增加，確保人們得以長壽是其中一個原因。醫學設備與社會救濟的完備，導致人類死亡時那種生離死別、慘不忍睹的淒涼畫面，遠離現代人的耳目，也是一大原因。現代人不像古人那樣，已經不再害怕死亡的陰影了。對現代健康的大眾來說，死亡可怕的壓力已經消失。建立在技術與組織基礎之上的現代文化的特徵之一，就是忘掉個人的死亡。如此一來，死亡的意義就改變了。死亡的意義產生變化，作為解決死亡問題的承擔者——宗教，也不能不受到影響。就現實的傾向而言，宗教已逐漸不再解說有關死亡的問題，即使要解說，也得在特殊的場所，除了療養院、養老院或監獄之外，要像昔日那樣在人心造成回響，已經是不可能了。

但是，死亡意義的改變，並非表示人類從此不會死亡，問題並沒有獲得根本的解決。拜文明之賜，平常忘記死亡而活著的現代人，若是知道自己不久就要面臨死亡的逼迫時，將會慌張地不知所措，也會被因為對生命的執著與死後不安所帶來的劇烈苦惱所折磨。遠離死亡問題而改變了的現代人，一旦遭遇了這樣的情況，總是不知如何去應付。亦即，那些無法覺悟的人，終將面臨這種場面。

儘管死亡的意義改變了，但是，死亡的問題並沒有消失。解決死亡問題的必要性，還是存在。因此，在這種情況下，過去曾經由宗教擔負的任務，今天更應有東西來填補這個空缺。只是，採取和從前宗教相同的方法，在現在已經不適用了，以此來解決問題也不合適。與時代的推移一同前進，問題的性質也起了變化。我們必須承認，伴隨著這種變化，宗教的任務也發生了某種程度的改變。吾人在死亡的問題上，都想努力探求答案，死亡對人類而言，的確是一個必須解決的、非常重大的問題。

但是，人類所面對的問題，並不是只有死亡而已。肉體的痛苦或精神的煩悶也隨處可見。其原因，有些出於個人，有些則來自社會之中。人生是難題的累積，幾乎所有的人，在某些意義上，皆在暗地裡懷抱著不為人知的苦惱，忍耐地活著。這就是所謂的世間。但是，我們絕不要輕忽這些痛苦的意義與性質所產生的變化。這種人類生活的痛苦與煩惱，以及為解決這些痛苦與煩惱所付出的努力，正是人類歷史的全部。所謂的文化與文明，正可視為人類在漫長的歷史中，對此努力所獲致的成果。政治、經濟、科學、技術、產業、文化等領域，皆持續著這樣的努力，宗教也正是擔任這個解決任務的一員。

宗教為此所使用的方法，與其他領域在特徵上的不同之處是，宗教的性質不是分工的。政治負責社會秩序的整頓，經濟使人富裕，科學技術讓每天的生活更舒適，它們都在其各自分擔的領域裡，促使人類的生活獲得改善與提升。但是，這種提高生活的分工，越是有效地推行，則個體從單方面對人類生命能否做出綜合判斷之顧慮，就越成為重要的課題。就算累積巨大的財富，或是贏得崇高的社會聲譽，從某一單方面的要求上，人類無論如何都有無法充分滿足的問題。判斷一個人並不是從生活上的各種層面，而是以作為一個有機體的人之綜合性的滿足與生活的意義為考慮的重點。此一問題未解決之前，人類的問題不會獲得真正的解決。在這裡，隱藏著根本的問題。

儘管現代文化非常進步，但是這個問題並不容易解決。不管分工文化如何發達，這個凝聚綜合性焦點之人類的根本問題，依然存留下來。要解決這個殘留的重大問題，總要有什麼東西來擔當才行。回顧歷史，擔負此一責任的就是宗教。而這個歷史上由宗教所負責解決的問題，今天現存的宗教，並不能保證還擁有擔當的能力。但是，如果說還有什麼東西可以擔任解決此一問題的角色的話，我們先不問它是否仍為現有的正統宗教，同樣稱呼它為宗教，應該也是可以的。

在這裡我們所要指出的宗教，就是那樣的東西。從特定的角度，解決人類問題的某一部分，擁有能夠在現實中解決問題的生命力才是重要的。這種解決的力量，存在於過去傳統的正統宗教之中。另外，隨著新的生活型態的展開，也並非沒有別種形式的解決方法，我們應該把這些與宗教一併考慮。然而，現在大部分的知識分子對宗教總投以半信半疑的眼光，這乃是事實。那並非是現代人沒有迫切需要解決的問題，也不是沒有問題的緣故，而是其解決之道沒有和宗教結合在一起。人類的問題未解決，現代人的心裡在有意無意間也會形成一種不安。一方面感到不安，一方面又不認為宗教是此一問題的解決之道。對傳統宗教普遍存在著不信任感，而且不僅僅是傳統宗教，還包括對宗教本身的疑惑。

為什麼事態會演變到這步田地呢？其中最主要的原因，或許是傳統宗教的保守性格吧！傳統宗教的保守性格是宿命的。宗教照理說本應是個人的東西，但是，現實生活中的宗教，幾無例外地，都成了社會集團，也就是形成宗教團體。宗教團體必然被賦予傳統與權威，這些都阻卻了宗教團體隨著時代的進步而改變，因為它具有使宗教不被動搖的力量。想要改變已固定的教理與實踐的形式，幾乎變得不可能。由於不容易變化，勢必從時代中殘留下來。

與此相反的，現代人的素養，卻不停地在進步，被培養成具批判的精神。只要無法令人信服，就決不盲從的風氣襲捲了每個人。現代人也不屈服於空泛的權威，凡事都要經過有條理的論理才行。在科學的思考與觀察態度的洗禮之下，已不允許超自然事物肆無忌憚地橫行於這個世界。

許許多多擁有這種近代特質的人，也曾帶著對人類根本問題的疑惑來敲傳統宗教的大門。滿是期待、要在虔敬的氣氛中尋求解決之道。但是，傳統宗教裡長久以來藏在神秘殿堂寶貴的解決之鑰，並不是那麼容易找到。反倒是因此感受到時代的錯誤，並因而產生失望之情。隨著不斷而來的這種失望，人們漸漸就不再認為傳統宗教可以解決人類的問題，最後甚至用觀看前代遺骨的眼神，眺望傳統宗教。

對一般人而言，現有的傳統宗教就是一切宗教，除了傳統宗教，沒有別的宗教。離開傳統宗教，要理解所謂的宗教，需要具備很深的涵養。對現有傳統宗教的不信任，轉變成對宗教所謂解決人類問題的方法的全面不信任，許多現代人把宗教視為過去的東西，棄如蔽屣。甚且有人一方面以宗教的方法來解決自己的人生問題，然而另一方面卻以羞愧的心情，承認自己擁有宗教信仰這件事。

果真如此，現代的知識分子，會全面放棄宗教嗎？對每個人而言，宗教即使是沒有用的東西，但它會消失嗎？先不管前面所說的狀況，在我們無法驟下斷言之處，依然存有問題的複雜性與微妙關係。而且，現代人也還無法完全捨棄宗教。

為何無法捨棄宗教呢？因為這裡還殘留著問題。在人類的根本問題之中，還存有許多用其他方法都無法解決的問題，而且時時逼迫我們去解決。這些問題若不解決，人生的煩悶與苦惱也就無法化解。曾嘗試以其他方法去解決而失敗的人，抱著一絲希望回過頭來投靠宗教。雖半信半疑，但卻認為說不定有些事情宗教會替他解決。而這個解決之道是隱藏在傳統宗教永遠的教義裡呢？或是與傳統宗教無關的新方法呢？我們還是對所謂的宗教，懷有一絲的期待。

吾人在這裡所提出的問題，也正是這一點。我們希望能夠充分的討論，對現代的知識分子而言，宗教具有什麼意義？扮演怎樣的角色？難道傳統的正派宗教不正是以相應於每個時代的方法，扮演這樣的角色，因而才能以歷史上的盛況自豪不是嗎？基於此，我們對佛教、基督教、神道教等傳統宗教，都應重新檢討評估，並賦予現代的理解。如此一來，在這個古老的東西身上，還是可以找到新的意義與價值。另外，從存在於現代社會生活之中的宗教去分析，檢討其動態，不也能從中汲取宗教對現代人的意義嗎？

從這個角度出發，為了要在下一節持續探討，正確無誤地把握問題的方法是至為重要的。本節對此問題做出探索的準備，並著眼於相關研究，嘗試對此問題，提出一些基本的考察。

◎人類問題的焦點

第一個著眼點是，吾人在這裡研究宗教，其焦點應放在人類的生活，與伴隨著生活所產生的人類問題。

若從象徵性去看宗教的表現的話，則宗教可以說擁有橢圓形的性格。橢圓形的中心有兩個，宗教也是這樣。若觀察其有關活動的面貌，可以看出有兩個重心，我們暫且稱它為「上重心」與「下重心」。「上重心」與「下重心」這兩點相輔相成，而展開所謂的宗教生活。

構成「上重心」的是有關形而上之對象的問題，它是宗教的理想目標，也是絕對者及宇宙的根本原理。宗教若從常識面來理解，即是從有什麼能讓人依靠、有什麼值得人相信之處出發。由於人們的關切朝這個方向集中，因此方向的問題，也就是被信仰之對象的問題，勢必會大大地浮現。神具備怎樣的性格?宇宙的根本原理是什麼?這種形而上的問題，乃成為問題的核心。這個核心的實體一旦不清楚，人們就會不知該相信什麼、依靠什麼。雖然在心中燃燒著宗教的熱情，卻無法牢牢地抓住它。是故，信仰宗教的人，至少在其意識的領域裡，對「上重心」表示高度的關心，乃是理所當然之事。神學及宗教學上也都把它當作主要的問題來處理，其道理就在於此。

「上重心」是宗教不可或缺之物，若是缺少了它，鐵定無法構成宗教。但是，一旦過度強調「上重心」本身，宗教就會與現實生活脫節，變成空中樓閣，因為這樣它就太過於抽象思辯了。

如果說宗教所考量的無非是形而上的「上重心」問題，這種說法未免言過其實。光是「上重心」並不能構成所謂的宗教。宗教之所以為宗教，有一個無論如何都不能忽略的要素，那便是人的問題。宗教也擁有世俗的一面，它便形成所謂的「下重心」。德國中世紀的神秘學家Johannes Eckhart（一二六〇～一三二七，一般以Meister Eckhart稱之），大膽地說出「如果沒有人，或許神也不存在」的話，這就是人的宗教。對人類置之不理，將無法理解宗教。

人類的生活為何一定要有宗教呢？對人類的生活而言，宗教具有什麼意義呢？它顯示出什麼作用呢？在人類問題的解決上，宗教又有怎樣的貢獻呢？對這一點若沒有做出周延的反省，即無法全面地理解宗教。我們知道，「下重心」的重要性不亞於「上重心」，這在今天來說更是顯而易見。但是，專心致力於「上重心」的詮釋，忘卻了人類的生活，不正是今日宗教研究的現狀嗎？這個本應十分清楚，卻意外地顯得不清楚之處，正是問題所在。

針對這種向「上重心」傾斜的普遍趨向，在此我們特別要把焦點擺在「下重心」，把它作為人類的中心問題，嘗試對宗教作進一步的理解。

觀察的重點要放在「上」或「下」的問題，不僅是焦點的位置不同，與研究的意圖及內容都有相當的關聯。「上重心」的研究，有可能直接解決人類對宗教的疑問。人們想要擁有宗教信仰的話，該如何去思考、如何去相信比較好呢？把這個問題解釋清楚就成為其核心。然而研究「下重心」之企圖，並不是要直接解決這類形而上的疑問。對這個所謂橫亙在人類生活根底的宗教狀態提出檢討，就成為其主要的著眼點。這是對具體事象的探討，就事實加以分析的研究。觀察人類與其社會生活，其中宗教占有怎樣的位置？在人類問題的解決上，宗教扮演怎樣的角色？人類問題的宗教性解決，又具有怎樣的性格與特徵？把這些問題解釋清楚，便是其重要的目的。而且，也要把在人類生活之中，宗教所具有的機能與面貌弄清楚，這就是「下重心」的中心問題。

毫無疑問地，光只是闡釋「下重心」，常常無法直接解決個人宗教上的疑問，但是，儘管「上重心」被認為是重要的，若不理解基礎的問題，想要一步登天求得宗教疑問的根本解決，也是太過勉強，太危險了。偏狹與自以為是的信仰，常起因於對基礎理解之不足。因此，第一步應清楚瞭解「下重心」，並探究宗教對人類的意義，然後再立足於此堅實的基礎之上，推及到形而上的「上重心」，這才是探究此一問題應有的順序。

再者，吾人最後所關心的是人類。對人類而言最重要的還是人類本身。無視人類，而只是研究神祇及根本原理，乃是本末倒置。

純粹從基礎立場來研究宗教的許多學問之中，有一門叫做「宗教學」。若從學問史的角度來看「宗教學」，可知人們為了能夠客觀地研究人類所蘊含的宗教般的熱情與微妙的心理，必須具備高度成熟的文化，因為人類的知性若沒有受到相當的焠煉，便無法對宗教抱持同情與理解，也無法以第三者的立場來觀察，因此，宗教學還是屬於歷史較短、較年輕的學問。但是，今天宗教學在方法論上已經確立了立場，而且嘗試以顯現在世俗上的宗教現象，作為研究對象，進行科學的觀察與研究。為了達到這個目的，宗教學動員並且援用了在最近得到顯著發展的心理學、社會學及人類學等方面所有的方法與知識。當然，在吾人對宗教的理解有所進展的同時，也對這門學問抱以許多的期待。

不過，宗教學具有純粹基礎學的性格，正如醫學領域中的基礎醫學一般，那是作為觀察和理解宗教現象之原貌所不可或缺的東西。因此原則上，它並不擔任類似臨床醫學的角色。我們不把解決今日現實生活的宗教問題，作為其直接的目的。即使最終的結果是為了增進人類的幸福而發揮其作用，但我們目前仍然一直從事基礎的研究。

本章的課題，不單單只是分析研究所謂的宗教現象，而是要理解在現代生活中，宗教的地位與其代表的意義。因此致力於與宗教學相同的方向，一方面以宗教學研究的成果為基礎，然後再向前邁出第一步。我們應有的認識是，站在這個立場上，雖因著眼於人類的問題而重視「下重心」，但於此同時，也不能忘記「上重心」的存在，然後再據此對所謂立足於這兩個中心上的宗教橢圓加以理解。

◎宗教角色的變遷

第二個著眼點所關注的是，宗教的角色是否有所變遷。

說起宗教，一般人首先想到便是，那是個絕對、永恆的東西，並且永不改變。在宗教生活之中，這些要素往往占有重要的位置。尤其是把焦點放在形而上的「上重心」來考慮時，這一點更是被強調出來。

但是，把宗教看成是一個僅由絕對或是無法改變的事物所形成的東西，卻是錯誤的。過度強調這種一般化的傾向，只是為了把對宗教的理解導向「上重心」之故。若從解決人類問題的角度，以「下重心」來看宗教，就會出現與其不同的宗教面貌。那個並非不能改變，走向改變之途的宗教正在那裡。事實上，現實的宗教是會改變的。宗教所扮演的角色，乃是隨著時代、社會、環境的變化而改變。一方面蘊藏有永不改變的永恆之物，一方面卻又隨時改變著，正是所謂的宗教。觀察這個宗教的種種變化之相，與探究永恆不變之物相較，兩者同等重要。

為何擔負解決人類問題的宗教，其角色會變遷呢？

首先，因為人類問題的本身，是隨著時代、社會、環境而變遷的。第二，解決這個變遷中的人類問題的方法並非一致的，它也會不斷改變。第三，擔任解決一部分問題的宗教，其負責的範圍也會隨著時代而不同。於是，一切都在變化之中，所以宗教所扮演的角色，其內容也會起變化。

且讓我們試著從第一個人類問題的變遷來思考。

譬如說，從前人類那種較低的生活水準，生存本身必定有諸多困難。但是，人類一面努力從事農耕或手工的同時，卻能與天地自然的運行相配合，守住人類自然的步調——生活步調的速度。然而，近代的機械文明，卻使其為之一變。首先以紡織機械為開端，接著發明了各式各樣的機械與動力，造成了產業革命，因而改變了社會的面貌。現代人不管喜不喜歡，必定要生活在機械文明之中。生活一半以上的主導權，在現代社會，也都委由機械與技術主導。巨大齒輪轉動的節奏，支配著社會生活的步調，人們已無法固守自然生活的步伐了。自然的運行被取代，除了配合正確的機械運轉步調以外別無選擇。計時器的出現與所謂的尖峰時間，便是這種象徵。

機械文明的分工式組織，或許縮短了勞動時間，但同時，人們的工作內容卻也變成了片片斷斷地一部分。生產及製作的全部過程，從開始到結束，期待由一個人親自單獨來完成，已經是不可能了。人們一天二十四小時的生活，被切割得支離破碎。現在一天的生活，已被轉化成前後不連貫的片斷時間，勞動者工作的步調必須與機械的高效率配合才行，這些都被要求具有百分之百的健康。而每個人也應該是健康的。雖然掙扎於激烈的生活壓力下，人們還是得裝出很健康的樣子。這種假裝健康的現代文化，其破綻隨處可見。儘管如此，表面看似健康而實際無法行動的人，除了成為劣敗者被殘留下來之外，別無選擇。這正是機械文明顯現在人類生活之中的一面。

若是在這種機械文明的構造之中，每天過著重覆的生活，人們將會逐漸地被改變。能夠靜觀自己全部的人生，並在這個立足點上，自我持續不斷地追尋每天生活的意義，這樣的態度變得十分困難。人類生活的態度有了改變，便是因為現代人所面對的人類問題的性質，跟從前有所不同，至少在外貌上就不一樣。精神上的煩惱，過去多以環繞在人生觀上的苦悶之方式呈現，現在則顯現出更直接的傾向，不是思想性的，而是生理性的問題。神經衰弱與精神異常，就是典型的例子。

機械文明的影響不過是一個例子而已，伴隨著人類生活環境的變化與生活條件的進展，人類的問題發生了極大的變遷。同時，變遷的不僅僅是人類的問題而已，解決問題的方法也發生了變化。這是第二點。

使得人類問題解決之道改變的最大原因是科學。科學擁有徹底的影響力。科學發達以前的世界，與今日的世界，在人類生活方式上有許多不同之處。不過，影響不僅如此，科學的發達不只是供給每個人生活上具體的便利而已，它根本改變了人類解決人生問題的態度。在科學昌明以前，這個世界充滿了超自然的、不可思議的力量。人們一旦遭遇困難，只知訴諸於不可思議的力量，想盡辦法尋求解決。農民們遇到乾旱，就想到祈雨，諸如此類等等。而科學的發達與科學思想的滲透，影響所及，已在現代人的心中孕育出新的看法，那便是宇宙的運行有其規律性。而吾人生存的這個現象世界的變化，也是有所謂的規律性的。因此，人類在遭遇困難的時候，若不以自然的法則為之，便無法解決問題。由於現代人這種傾向十分顯著，因而解決人類問題的方法，也發生了明顯的改變。這就是科學的影響。

新情勢的發展，改變了人類的問題，我們也到處可看到影響解決人類問題之方法的例子。讓我們試著來思考原子彈對人類的意義吧！原子彈對每一個人的意義，就是把地球上的每一個人引入共同的命運之中。只要投下幾顆原子彈，爆炸後地球上的人類都將全部滅亡。這種事很有可能就在我們身邊發生。即使想離群索居，安靜地生活在山林之中，只要原子彈爆炸，一切都將輕易地遭到破壞。地球上所有人類生命的安全與否，繫於少數幾個世界級政治人物是否使用原子彈的決定。每個人都無處可逃，為求自保，唯有對那些活躍在世界舞臺的政治人物們，提出大聲地呼籲。由於原子彈的出現，便使得處在地球邊緣的個人命運與世界政治舞臺，有了直接的連繫。

所以，不僅是人類的問題，其解決之道，也都有了種種的變化。而且更進一步地，也就是前述第三點，為了解決問題，宗教所負責的領域也發生了變化。

在原始宗教的時代，或是歷史初期的時代，宗教負責的領域極為廣大，幾乎涵蓋了一切人類的社會生活。神話扮演哲學的角色，咒術便是原始的科學，政治則與祭祀分不開。

但是，隨著時代的進展，文化的位階獲得提昇，人類活動的許多項目也因而脫離了宗教的掌握。到了近代，這種傾向格外明顯。政治、經濟、思想、藝術、產業都褪去了宗教的色彩，取得獨立的地位。於是，宗教負責的領域，乃逐漸地縮小。

這個時代，只有死亡與死後的問題，被認為是最後留存下來的，可作為宗教所獨占的領域。因為死亡是永遠之謎，從死亡之途再返回人世的人，一個也沒有。科學的實證主義與理性主義，都無法染指這個領域。然而，中世紀前那種大聲宣揚天國、地獄之說，認為死後的世界不會停止，而是繼續開展的宗教，現在卻都銷聲匿跡了。這並不是因為死後的問題解決了。到了近代，正如前述，對人們而言是由於死亡的意義改變所致。不管再怎麼大力宣揚死後世界的問題，要在現代人的心中產生共鳴，其力量已變得十分薄弱。現代人所關心的，已從死後世界的問題，轉移到現實生活的問題上。對現代人而言，死亡的問題因為與死後的問題互相關連而變得不受重視。只是因為它阻礙了人類的生存，因此不能視而不見而已。死亡的問題，即使在今日依舊是宗教重要的領域，但是，不依循宗教之死亡方式的人，卻為數眾多。宗教的角色在這一點上已有了變化。

如上所述，就像人類的問題與解決這些問題的方法發生變化一般，在宗教所扮演的解決問題的角色之中，看到其內涵的轉變，是毋庸置疑的。若想概觀這個變遷的傾向，或許可以用下述的方式加以說明。在過去，突破外在環境的困難而加以改善，是宗教的重要任務。但是，隨著文化的演進，大部分的任務卻都逐漸過渡到人類世俗的活動中。並且，宗教已將其關注的重點轉移到人類內心精神問題的解決上。即使在宗教的根底裡蘊藏著永恆不變之物，在人類世界的宗教活動中，也可以看到它隨著現實而推移變化的面貌。吾人把重點擺在人類的問題上，試著理解宗教時，這一點是有必要常加留心的。

◎宗教性解決的特質

第三個著眼點是，人類問題的宗教性解決為何，以及宗教性解決本身的特質又是什麼的問題。

正如上述，宗教的任務，其內涵已有了改變，並持續在變遷之中，但是角色變遷的同時，宗教性的解決方式，依然有其必要而存在著。不管在任何時代，它都是作為人類生活中有效的力量而被實踐。因此，這個所謂的宗教性解決與我們所要探究的東西之間，一定有某種共同的根本特質。

這個根本的特質是什麼，正是問題之所在。這是一個極為根本的問題，正因為是本質的問題，我們一定要加以慎重思考。宗教性解決的特質，要從什麼地方去了解，才能使問題更清楚呢？首先，問題就在於此，亦即宗教性解決的特質，是存在於必須被解決的問題的內容之中呢？還是存在於解決問題的方法之性格上？換言之，人類的問題之中，在性質上是否存有非得以宗教來解決不可的特別問題？還是無論是怎樣的問題，只要我們是以特定的方式去解決，便稱其為宗教性解決？這個問題，稍後再來探討。

我們先來看看具體的實例。

這是有關疾病治療的問題。疾病的治療，自古以來就和宗教有很密切的關係。它近來又再度和新興宗教的信仰治療結合，成為極大的社會問題。

疾病對人類而言，乃是必須要解決的問題，醫療就是對付疾病的解決方法。人一生病，就要看醫生。醫生是以科學的立場來從事治療，求取對疾病問題的解決。這之間沒有任何宗教的因素，只有科學式的解決。也就是說所謂疾病這個人類的問題，就算與宗教全然無關也能被解決。

但是，假如有個病人，為了要治癒自己的疾病，而去敲新興宗教的大門的話，會有怎樣的情形發生呢？這個人或許會接受它的各種教義，並且被說服，只要相信其教義，並依之而行，疾病即能痊癒。當新興宗教終於使他依循教義而行後，疾病有時因各種不同的原因而治癒，有時卻也治不好。不過，不管能不能治好，只要是這種情形，即是以宗教的方式來解決問題。宗教至少在表面上，還是扮演解決問題的角色。

從這個例子可以明顯地看出，所謂疾病這個人類的問題，本身是中性的，不一定要以宗教的方式來解決。它可以跟宗教毫無關連地，用科學的方法來解決。但是，在不同的情況下，嘗試借助宗教的力量來解決相同的疾病，也是有可能的。在這裡很清楚地顯示出，宗教性解決的特質，並不在問題的內容上，而是可以從解決的方法中找到。

今天，社會對新興宗教的指責，並不在於它是否為真正的宗教，而是針對它不能真正解決問題這一點。亦即新興宗教所主張的，事實上並無法治癒疾病。即使有治癒的例子，也僅限於由精神方面所引發的疾病。同時，它們對這種治療的說明，極不科學，邏輯也是錯誤百出。即使有治癒的情況，卻與能治癒一切疾病相混淆，如此一來不免受到更多的批評。所以新興宗教並不被認為能夠解決真正的問題。

不僅是個人的信仰治療，自古以來，疾病的治療即多與宗教相互關連。原始宗教會施行各種各樣的巫術、咒語、祈願、加持、祈禱……，但是，隨著文化水準的提昇，純粹的醫療已逐漸被過渡到以科學為主幹的醫學領域了。無可諱言的，這種過渡要達到全面性，讓所有民眾都能接受，以科學為主幹的醫學，非得要取得比今日更進步的境界不可。特別是精神醫學，更需要大幅度的進步。這種預期如果真能實現，信仰治療終究會是過渡性的產物。不久，新興宗教就不能直接治療疾病，解決那些由疾病所引發的煩惱成為它主要使命的時刻或許就要來臨。不過，事實上這與我們在此所提出的問題並不相關，它是與眼前的問題沒有直接關連的事物。由這裡可知，且先撇開疾病本身原本就是中性的問題不說，像信仰治療一般，在治療的過程中，加入宗教性的特質，便是依據解決問題之方法的特性而得來。我們主要是要讓這一點變得更加清楚。

就拿社會福利事業來說，也是屬於同一件事吧！救濟病人、貧民、罪犯等等，曾經是宗教工作的範圍。因此這些工作，即被視為在本質上具有宗教上的性格。但是到了近代，卻由以政府為首的許多世俗性機構做起了這類工作，不再是宗教所獨占的領域。對這種實際的變化有了充分的認識之後，福利事業問題的性質便能清楚浮現。也就是只有以宗教之慈悲與博愛的胸懷，來推行社會福利措施，才是宗教性的工作。若沒有宗教的精神包含其中，那就不過是世俗的工作罷了。是否具有宗教性，決定之關鍵並不在問題本身，而是存在於解決問題的方法上。

把目光轉移一下，我們試著來思考相同的問題。有人問宗教是什麼？一個極常識性的回答，或許會如下所述：「人力所不及之處，藉助神力來解決，這就是宗教。」我們來思考一下這個回答。該回答針對所需解決的問題的性質，提到了「人力所不及」這樣的事，這就是問題的所在。仔細地思考，所謂人力所不及這個問題的重點，實際上並非是對問題內容的性質作判斷，而是從對問題的解決方法上來看。亦即，這個回答所說的是，不管是什麼樣的問題，只要是人力所無法解決的，就交給所謂的神力。問題的具體內容不論是什麼都可以，主要是其解決的方法。在此，很清楚的顯示出，宗教性解決的特質並不存在於問題之內容的性質裡，而是在問題的解決方法上。

另外，有些宗教則認為，能夠讓人安住於覺悟之境，以化解心中的煩惱，解決人類所有的問題，才是所謂的宗教。若是這樣的話，所謂的問題指的應是那些內心的煩惱之類的主體性、精神性的東西，在此有一定的界限。但是在這個界限內，則沒有煩惱種類的區別。無論什麼煩惱，尤其是內心的煩惱，都要尋求化解。這個宗教性的解決，並不根據煩惱的種類，而是這種安住於覺悟之境的解決方法，才被視為是宗教性的所在。由此也可知宗教性的解決，不是根據問題內容之性質，而是從解決的方法著手。

如上所述，人類問題之宗教性解決的特質，應該可以在解決的方法中找到。那麼這種宗教性解決的方法，到底具有什麼樣的特徵呢？

各宗教具體的解決之道，隨著宗教形態的不同而有顯著的差異。不同的宗教，有不同的解決方法。對其詳細的說明，將留到下一節以後再敘述。但是在這裡，我想事先指出它們共通之點。

若我們觀察那些在面臨困難之際，達成宗教性解決的人，將會發現其心中都有一種特定的「準備」，以今日人格心理學的術語來說，或許就是「態度」(attitude)的一種。所謂的準備，即是其人心中必定存有如此做必能解決問題之信心的基本前提。這是在那些無法達成宗教性解決的人心中，所找不到的。

人們從所受的教養、教育與訓練中，學會處理生活與環境中各種狀況的諸多方法。遇到下雨就撐傘；車子過來，行人就會避開；司機知道修那裡，便能將車子的故障排除。由於能對這種很單純的事件作反應，故也能對較複雜的狀況作出綜合的判斷。不過，一般人所理解的方法，只限於對特定的事物才具有效力，而它的效用也有限度。如果下的是豪雨，雨傘也就派不上用場了。因此不是無條件地有效。而宗教性解決的特徵是，幾乎不需要附加這樣的條件。特別是在效力的限度上，當事人所信任的方法，可以得到無限地延伸。此即意味著，當事人一定能夠達到這種信其可行的基本前提。這種宗教性的準備，必定產生於其心中。

所謂信其可行這種解決問題之基本前提的說法，或許表達得太過抽象，難以理解，不過要總結各種宗教共通的性質，卻又不得不透過這種抽象的事物。但是，從實際的宗教生活中，可以取得更具體的形態，同時它的範圍也極為廣泛。包括從原始宗教的咒術與占卜，以至全知全能、絕對之神的奇蹟與啟示。修持禪定，得入悟境也是。以這種具體的內容作為補充，當事人心中一定要具備信其可行的解決之鑰，這當中即具備宗教性準備的特徵。

在面對難題之際，為了尋求解決，內心的準備即會開始加強。此時，為了貫徹以宗教性的方式解決問題，首先必須讓這種準備牢固於內心深處，同時必須能夠轉化成一股強大的精神原動力，足以促使人類朝這個方向行動。那些社會上所標舉的宗教人士或信仰很深的人，即是在心理上確立這種準備的人。而可以加強信仰的日常宗教生活，也具有在心理層面上使這種準備更加強化的意味，在有意無意之中，形成「信仰的學習」。

一旦能夠讓這樣的宗教性準備根深蒂固，成為人格構造的一部分，人心就會有新的開展，並且會有此刻無法預知的種種體驗出現。一些新的「態度」將會形成，這就是所謂的宗教性情緒或宗教性情操。對偉大之物的敬畏感、完全聽任的皈依奉獻之情、接觸到絕對權威者的神聖感、與無限連接的永恆感、毫無雜念紛擾的清新感、打開新境界的解脫感……等等，這些都是由不同的宗教形態與不同的宗教性解決方式，所具體顯現的不同面貌。不過，不管遭遇什麼困難，從經常對此準備有所回應，並握有解決之鑰之自信所產生的強烈安心感，乃是這些宗教性情緒或情操的共通之處。

如此，當我們把焦點集中於人類的問題上，以思索宗教性解決的特質時，便有必要著眼於這些宗教性情緒或情操等人心問題上。

◎東方的傳統與近代的素養

第四個著眼點是，當我們在思考所謂的宗教問題時，除了一方面要考慮到我們是在東方文化傳統中成長外，另一方面也有必要對開展近代文化的現代人之立場加以反省。

要不是東西方文化傳統，特別是宗教傳統，在本質上如此不同的話，問題或許不會如此嚴重。以希臘與猶太為源頭的西方文化長流，和以印度、中國為根源的東方文化長流，一直到近代，彼此間幾乎都不曾有過實質的交流。由於只是分水嶺上坡面角度的改變，到後來竟像二條大河朝著相反的方向，流入不同的大海中。然而，這兩種不同的文化潮流，由於歷史的偶然，竟匯合在一點上，掀起滔天的浪花，互相吞食。這就是現代的日本。明治時代以後所孕育的文化，即處於這種文化的混血狀態。由於情況特殊，現代日本的知識分子總認為在考量宗教問題時，有必要作特別的反省。

在考量現代日本文化時，至少要把二大要素考慮進去，一個是東方文化的傳統，另一個是近代的素養。其中在近代的素養方面，則含有許多西方文化的影響在內。大約過去百年間，在明治開國以後的日本，只要說到近代化，幾乎就是表示對西方文化的容受。提起西方這個觀念，往往馬上令人聯想到那是文化先進的象徵，相反地，東方則被視為是落後的象徵。發展日本的近代文化，使其不遜於西方，是日本全體國民悲壯的心願。日本的知識分子認為，一旦自己的文化可以與歐美並駕齊驅時，便應將日本文化置於歐美諸國文化的同一集團之中，然後，把自己的文化從東方之中隔離、區別出來。這個觀點所顯示的是，比起東方的文化傳統，西方的文化對日本來說有著更親近的性質。現代日本文化在某種意義上，尚有自認為是西方文化圈一部分的錯覺。他們忘記了漫長數千年的東方文化傳統已滲透到自己獨特的風格之中，難以拔除的事實，卻以為自己可以完全跟歐美人一樣，對事物持有相同的看法、想法與見解。

因此，西方傳統文化上所慣用的種種概念，往往未經批判即被日本文化所接受、採用。達到與西方文化同樣近代化的日本，在有意無意之間，即會輕率地判斷，認為這些概念當然適用於日本。我們不妨以所謂自由與民主的概念為例加以考察。在明治初期，這些概念是如何生硬地輸入且被生吞活剝的呢？它們被應用於不同傳統的日本社會時，在文化上產生了那種程度的摩擦呢？並且，這些概念要逐漸地改變，達到與日本社會相容之前，又需經過多少漫長的歲月呢？我們回顧這些歷史，或許在思考的同時，也能知所選擇吧！

這些情形同樣被認為可原封不動地適用於「宗教」這個概念中。宗教的概念是與Religion這個詞彙一起，在明治初年被輸入進來的。即使在西方，整合各個宗教形成一體的宗教概念，也是近代的事。這個概念在具有濃厚一神教傾向的西方文化中形成後，就帶著西方高高在上的光環渡海而來，而且就這樣被全盤接受，在日本使用。然而，包括日本在內的東方宗教，卻有著與西方十分不同的傳統。由於傳統不同之故，這種直接傳進來的宗教概念，不免產生種種的不適與不便。由此而產生的摩擦，雖到處讓人感到困惑，卻不明白其主要原因何在。能夠注意到困惑的起因，就是來自所謂宗教這個概念之中，並不是一件容易的事。今天，針對這一點來從事反省的時刻總算來臨，我們一定要試著去修正明治時代以來的宗教概念。

西方的宗教傳統與東方的差異，總是再三地被提出來討論，但是，有很多的論點，若從大處去看的話，卻都是屬於枝節的問題。需知東西方的宗教傳統，並非是在枝節末尾上不同，而是在宗教的根本構圖上，有很大的差異。

形成西方宗教傳統的骨幹，是基督教及其根源的猶太教。它們通常被稱作是一神教的宗教，並具有相當清楚的特徵。雖然是一神教，但它們的構造卻是二元的東西。首先，要確立唯一、絕對的神。祂是造物主，也是主宰者。神創造了世界，這個世界及所有人類，都是經由神之手所創造出來的。創造者與被造物是完全各別的東西，非得有嚴密的區分不可。而且，神依據其強大的意志，親自支配這個被祂所創造出來的世界的運行。吾人可以從中看出，這是個造物者與被造物，主宰者與被支配者的二元構造。

這個二元構造，或許可以把它比喻為舞臺上的戲劇與導演的關係。超凡的神是舞臺的導演，而神所創造出來的世界，與其中的人類生活，便像是舞臺上的戲劇。神隱藏在舞臺後面，祂並不會在舞臺上現身。雖然不會現身，但是舞臺的佈置、每個人的演出方式，全要照著導演的絕對意志與支配來進行。演員們若沒有得到舞臺導演的允許，便不可以更改自己的演出方式。一般的觀眾或許不會察覺，但演出者卻心知肚明，這一切都逃不過導演的眼目。對演出者而言，自己表演時的一舉手一投足，給予最重大影響的是舞臺導演。在具有這種構造的宗教之中，相應於舞臺導演與演員的神與人之關係，會成為問題的重點，是很自然的事。

但是，東方的傳統所展開的卻是與其有明顯差異的宗教構圖。在東方也有許多開天闢地的神話，並且有各種的說法出現。但是造物主與被造物這種所謂的二元構造，卻始終沒有很顯著的發展。東方的宗教思想，是從這個現存的世界這一點出發的。關於世界為何存在的問題，雖非全然不關心，但並非重點所在。所謂從現存世界這一點出發，所指的是，這個世界的造物主之存在，並不是一件必要的事。在東方傳統的宗教構造中，並不像基督教一般，存在著一個像創造神一樣，占有絕對者位置的神。這個現存的世界，以前面的例子來說，就像是舞臺上的戲劇。雖然舞臺上上演著戲劇，但卻沒有藏在幕後、支配一切的舞臺導演。僅有舞臺上的戲劇存在，在這個意義上可以說是一種一元構造的性質。

這樣的說明，或許會令人產生疑惑，佛教及神道之中不是存在著眾多的菩薩和神祇嗎？沒錯，是有眾多的神祇存在，而且，每個神祇在各自的宗教中，都扮演著重要的角色。但是，這些神祇與作為主宰者的神，兩者存在的意義是不同的。對這個世界來說，祂們並不是站在舞臺監督的位置。祂們也會在舞臺上出現，因為祂們本身就是舞臺上重要的角色。這與基督教的創造主宰之神，完全不同。西方的宗教傳統中，人與神是隔絕的。在基督教裡，人與神雖有同質性，但若是以為人可以變為神，卻是荒謬的，而且會被認為極度傲慢。然而，在東方的傳統中，諸佛菩薩或是諸神與人之間，有著根本的同質性，兩者沒有絕對的隔離。人可以成為諸佛菩薩，或是死後加入諸神的行列，這種想法並不會被認為是不可思議或有任何不適當之處。佛菩薩、眾神也好，人類也罷，都是同一舞臺上的演員，只不過碰巧在此刻表演著的戲劇中，扮演了各種不同的角色而已。

兩者基本構造的不同，在人類問題的宗教性解決方式上，也可以明顯地看出來。存在著主宰神之西方式二元結構的宗教中，人的問題往往被放在與神的關係上來解決。神作為這個世界整體的舞臺導演，掌管一切大小事物。不管什麼事，都一定要透過神之手。宇宙的秩序就是神的意志，違背神的意志，人就有罪。人們向神告白，依靠神、服從神，就可以得到神的守護。神以作為解決一切人類問題的全面性救贖者的姿態出現。即使在西方，有很多人擺脫傳統上對神的看法，但是，這些人在思考宗教的時候，大多還是照舊以傳統的二元結構來思考。

相反地，在東方的宗教結構中，並沒有出現一個全面干涉的絕對者，來解決人類的問題。維護這個宇宙秩序的，不是絕對者的意志。因為沒有絕對者存在，也就不存在這種意志。取代絕對者之意志的，是這個宇宙所具有的自然規律。如前所述，東方宗教的傳統是從宇宙存在這一點出發的。這個現存的宇宙，蘊藏著規律運行的法則。而所謂宇宙運行的規律性，與宇宙的存在相同，都是根本的大前提。在佛教，這種規律性被稱作「法」(dharma)；在中國，則是所謂的「天地自然之道」，並以各種不同的形式表現出來。神道則稱其為神格之道。法與道所指的都是宇宙運行的根本規律，它與西洋傳統的神之意志一樣，占有相同的地位。與佛菩薩相較，它是更為根本的東西，眾神基本上也受這個規律的支配。

因此，對人類的問題來說也是一樣，作為根本原理的，是宇宙的規律性。只要依循這個定律，以順其自然的態度生活，即不會在自然的演變中，發生特別的摩擦。然而一旦生活中發生了失常的舉措，使它無法順利運轉時，便會遇到困難的問題。違反絕對者意志而獲罪的情形，不是人類問題的所在。解決人類問題的基本方針，是在修正一時的失常，回復其原來的面貌。在佛教，引發人類產生困難問題的原因，稱作障礙（中文有時譯作煩惱，原文Kleasa乃是障礙之意）。在神道則稱為「污穢」，亦即靠擦拭即可去掉的東西。這些障礙與污穢，雖然作為具有傷害人類本質之性質的東西存在，但並沒有被刻意描繪出來。

當然，為了解決人類的問題，有時也會乞求佛菩薩及諸神的幫助，特別是未經近代文化洗禮之純樸的庶民宗教行為中，這種情形更是普遍。但是，人們在這樣做的時候，我們若能仔細觀察神佛的角色，即會發現，祂並沒有以掌握人類生殺大權的絕對者姿態挺身出來救濟。

換句話說，這有點類似某個演技不好的表演者，請求同臺演出的師兄伸出援手一般。神佛的角色也只是一面遵循宇宙的規律性，一面提供輔助性的庇護而已。

西方與東方的宗教傳統，正如上述，有著顯著的差異。從一開始的基本構造就不盡相同，所涵蓋之範圍的不同更是既深且廣。即使我們要思考如何賦予人類在這個世界中的角色與地位，兩者之間便有很大的差距。對於靈魂問題的看法也不一樣，修行的問題也是如此。對於反覆修行以達到開悟之境的作法，西方幾乎完全無法理解。因此，如果說東西方傳統文化中，已有無法融合的差異存在，那麼，把西方創造出來的以神為中心的宗教觀念，直接引進日本傳播、使用，並且據以說明、理解東方的宗教，不是太牽強了嗎？

譬如說，自古以來西方的傳統，即將宗教分為「一神教」、「多神教」及「泛神教」，而把佛教這種原本就沒有樹立神祇的宗教也包含進去，以神的分類方式去強加分類，不是毫無道理嗎？不僅如此，以一神教中含有的基督教和多神教中包括的神道來說，基督教的神與神道的神，在性質上是完全不同的。一邊是舞臺後的導演，而另一邊則不過是一個演員。把不能放在同一範疇內的東西混合起來分類，就分類而言也是不妥當的。究竟在明治初年基督教再度傳到日本時，把基督教裡超越的「上帝」譯成「神」這個名詞是否恰當，實在令人懷疑。但是，一度被翻譯成「神」的上帝，或是具備所謂「上帝」這種概念的屬性，都已移轉到「神」

這個語彙之上。這是因為我們對西方的宗教概念囫圇吞棗所致，結果最後不得不陷入那種以西方的「上帝」概念來說明神道諸神原有性質的尷尬場面。

現代的日本知識分子，表面上雖然很西化，但身為東方人的事實卻依然沒有改變。他們肩負著數千年漫長的歷史與傳統，正如文化人類學者所主張的，人類行動的根本態度與思惟的方法，是不會這麼容易就變化的，所改變的只是表相而已。現代的日本人，在尋求以宗教來解決人類問題的時候，其所表現出來的，也還是傳統的方式不是嗎？因此，從西方原封不動直接輸入的宗教概念，拿來理解我們日本人的宗教生活，就顯得太過牽強了。反過來說，現代日本人之所以會對宗教產生理解上的困難，就是因為借用這種宗教概念，並且未加注意這是一種借用的東西所致，不是嗎？

◎現代的問題

對宗教問題追究到底，結果就變成人類的問題。無法充分理解人類的問題，也就無法理解宗教的真正意義。

人類的問題，我想最終可以還原到二個根本課題上，即「人類為何而活」和「人類該如何活」二個課題。第一個「為何」的問題，是將人生綜合歸納為一個整體，然後詢問這整個人生的目的與方向。第二個「該如何」的問題所要問的是，處在這個世上，身為人類的基本態度，其生存下去的方法是什麼。兩者的意義相互關聯，都很重要。但是，這兩者不一定會一直處在平衡和力量相等的狀態。隨著個人性格的差異、文化傳統的不同，以及時代潮流的演變……等等，這些被強調的地方，往往會偏向一邊發展。

美國著名的哲學家、心理學家Willian James（一八四二～一九一〇）把人類分為「生病的靈魂」和「健全的心智」二種型態。這種分類法是從個人的性格面來看問題所作的一種嘗試。屬於「生病的靈魂」這一類型的人，對其現在所被賦予的人生，無論如何都不會感到滿足。他們所思索的是今日的苦惱與明日的痛苦，把自己緊閉在憂愁之中。對自己的人生，有很深的疑惑。人到底為何生於世間，常常成為其內心的問題。在他的眼裡，現有的人生，並不是人類生命的全部。要如何去過這一生，也不是什麼重要的問題。他們想要越過此生到彼岸追尋理想的世界，並且相信未來會有約定好的更輝煌的東西存在。在這意義上，James認為這種「生病的靈魂」，也可叫作「二度誕生型」(twice born)，亦即，來生若不能投胎，他們也不會知道。對這種「生病的靈魂」類型的人而言，「為何而活」的問題，要比「人該如何活下去」這個問題，投下更多的關注。

相反地，對那些屬於「健全的心智」之類的人而言，現下每一分每一秒的生活都充滿著生命的意義，每天都是快樂的。生命的本身即具有直接的價值，並且心裡也不會對人生產生深刻的疑惑。認為能夠活著這件事，本身便是值得感謝的。由於這一生十分的滿足，因此對死後的世界毫無興趣。James稱這種人為「一度誕生型」(once born)。「健全的心智」類型的人即使產生了該如何活下去的疑問，也絕對不會對為何而活產生疑問。

James在論及這兩種傾向時，認為這是個人性格的問題。但是，這種差異卻不限於只在個人身上出現。在社會傳統與時代趨勢中，隨著時間與地點的不同，一樣可以找到差異存在。西方也好，東方也罷，中世紀與近代之間，在這一點上，即被認為存在著顯著的差異。

比起近代，中世紀具有強烈的「生病的靈魂」傾向。那個時代，生活遠比今日困難，社會的不安、封建的壓迫、科技不發達、戰亂、饑饉、瘟疫頻仍……等等，人民一方面感受到死亡的威脅，一方面生活在痛苦之中。由於生活在絕望而難以忍受的環境中，悲嘆的人心，只好把無法獲得的喜悅寄託於虛渺的未來。暫且不談個人的差異，概括地說，中世紀的人民，對死後的生命表現出強烈的關心，人民的內心裡，很濃烈地描繪出死後的理想世界。而死後生命問題的主要擔當者，就是宗教。因此，宗教具有很強的發言力量，其影響也是既深且廣。

中世紀的宗教的確強調死後的問題，重視死後的世界，強調在那個世界獲得的永恆生命才是真實的生命。與死後永恆的生命比起來，此生不過是暫時的人世而已。這種所謂今生不過是邁向永恆生命之旅途中的一個試鍊過程的想法，在中世紀非常普遍。亦即，中世紀的宗教處理死亡的問題，優於生的問題，並以保證死後可以獲得永生，來解決死亡的問題。當死亡問題得到解決之後，才據此解決生的問題。以不同的方式來敘述的話，那麼可以說「人類為何而活」這樣的問題便是它的重點。同時，在這種解決方式之下，便可使自己站在為「該如何活」的問題提供方向的立場上。

到了近代，一般人對人生的想法，就明朗多了。

「健全的心智」這類型的人，變得多了起來。為何會如此呢?對此現象本身或許有必要作另外的研究，但是，其中最重要的理由，或許是生活水準的提昇。一般來說，每天的生活，在生存上心情是極為舒暢的。當然，現代有現代的許多苦惱與問題，悲觀的題材也是數不盡般地堆積著。但是儘管如此，現代社會比起從前變得更容易生存，卻也是不爭的事實。除了戰爭這種特例外，至少這是個大多數人不必再為明日的生命耽心，大多數人都可以活下去的時代。戰爭的頻率在世界各地很明顯的減少了。如此一來，現代人就可以因為環境的改善，享受比從前的人更多的生存之樂。這被認為是把時代的潮流導引至傾向「健全的心智」的主要原因。

不僅如此，另外還有一個原因是，到了近代，人類在生活中獲得更多的自由。而且不只是生活上的自由而已，人類的思考也從桎梏中得到解脫，可以徹底地思考，再加上科學探索的進展，使得人們對現象世界的興趣與好奇大增等等，這些無疑都是造成這個趨勢強而有力的原因。另外，如前所述，現代機械文明的性格，使人們關心的方向朝現實的層面發展，這或許也是無法忽略的理由吧！

由於這些諸多原因相互結合，於是產生了「健全的心智」傾向濃厚的現代文化。現代人不再像從前那樣煩惱有關死後的問題，而是直接面對現實的生命。他們不會像中世紀的人一樣，設想一個死後的理想世界，來解決人類的問題。他們所要深思的是，今生該如何活下去的問題，然後追根究底，從中找尋真正的生命意義。對現代人而言，人類問題的根本課題，乃存在於這一世的生活中，也就是存在於所謂要如何才能找到最大的生命意義這一點上，那才是人類的幸福和人生的價值所在。而且，在發現這個生活的意義時，也能夠感受到人類根本問題的解決。

因此，如果說現代人的問題重點已轉移到所謂該如何而活的「健全的心智」領域的話，那麼，宗教的角色也必然會隨之改變。今日即使要用中世紀的方法來闡明宗教，對現代人來說也是行不通的。當然，現代社會裡仍有嚮往中世紀的人存在，這些人說不定正在傾聽這種聲音。但是，有著現代素養的人們，並不會就此滿足，因為現代人的問題並未因此獲得解決。

現代社會的天空所響起的鐘聲，似乎蘊藏著埋葬宗教的意味，其理由正在於此。因為宗教在過去雖扮演了重要的角色，如今卻意義全失。更不用說它們依循傳統的惰性，而淪為專門從事喪葬與婚禮之類事務的機構。不過這已是題外話了。宗教從過去意氣風發的社會中心地位，被驅趕而退處舞臺一隅，實在也是不得已的事情。

傳統宗教之中這種徒具形骸而沒有生命的部分，或許正慢慢走向滅亡，但是這並不表示宗教這種東西會就此消失，因為人類還殘留著許多問題。即使在現代，人類的根本問題還是有必要解決。人類為了生存，無論如何都非得解決這個問題不可。如果宗教還能擔當解決人類根本問題的重任的話，只要還有問題需要解決，其角色或許就不會消失。徒具形骸而失去生命的部分，除了一掬同情之淚任其滅亡之外，也沒有其他的辦法。但是，對於存在於人類問題的解決之道中，可以成為人類生活之原動力的那個東西，則不要讓其失去作用。不管那個東西的形貌是否跟以前相同，我們或許都可以稱它為宗教吧！只有這樣的宗教，才值得我們在此探討。

（昭和三十年，載於《人與宗教》）

後記

這裡所收錄的十篇文章，除〈生死觀四態〉之外，都是岸本老師在這十年間所發表的。這十年裡老師的癌症猶如一顆「不知何時會爆炸的炸彈」，這也正是一段通過文字與死亡面對面，凝視著死亡一路走來的過程。因此本書是岸本老師那種活生生的體驗，以及在這個體驗上所構築的人生態度、人生觀的展現。

從這個觀點來看，本書可分為三部分。

第一部分「面臨死亡的心理準備」中的三篇，是岸本老師在受到不斷復發的癌症威脅後，達到超越癌症與死亡境界之人生觀的相關敘述。首篇〈我的生死觀〉，是老師最後完成的，等於就是遺稿。之所以把它放在第一篇，是因為這雖是老師最後的手稿，但就思想而言，卻是展開後面篇章的開始。這個展開便是關於死亡問題的解決。「諸如此類的問題容後再述，就此擱筆。」岸本老師終究還是沒有再寫。然而幸運的是，這個解決之道，亦即老師的生死觀，其構想已經完成，這即是第二篇〈別離的時刻〉。這個構想在二、三年前已在ＮＨＫ廣播電臺及電視臺播出，也在同一時期的許多演講場合說過。堅信沒有死後世界存在的岸本老師，把死亡看作是人生的一種「別離」，以此來與死神作正面競賽。為了面對死亡並超越死亡，老師發現的方法是，無論何時都要讓這個人生好好地過下去。從對人生感到充滿生命的意義這件事上，老師找到了一個「人類問題的解決之道」，這或許可說是老師的宗教態度。第三篇〈我心中的宗教〉，所觸及的就是這一點。

岸本老師這種從凝視死亡的日常生活中所構築的人生觀、生死觀，完全植根於老師自己深刻的體驗。

第二部分「與癌症的搏鬥」，即是這種體驗的記錄。十年前岸本老師在美國，突然被宣告罹患癌症。之後，雖然幸運地延長了「只剩半年可活」的生命，但其間卻必須不斷地與頑固且一再復發的癌症搏鬥。這種生活體驗，確實令人觸目驚心。後來，就在認為「或許不會死於癌症」時，癌症似乎開始好轉。這其中深刻生動的體驗，以及那些旁人所難以想像的精神奮鬥，種種了不起的克服過程，在〈在美國與癌症的搏鬥〉、〈與復發的癌症搏鬥〉、〈只要活著便豐美地活〉這三篇中，毫無保留地表達出來。

就算只有以上的篇章，作為一個人的生死觀，也已十分可觀。但是，岸本老師卻從某個單一的角度來凝視死亡。作為一個宗教學者，他以學術的立場來看待死亡，分析人類對死亡的想法。第三部分「現代人的生死觀」，就是從這個角度蒐集的論文。

其中〈生死觀四態〉是本書中最早的文章，大約完成於二次大戰結束後不久。其前身是發表於戰時的〈生死觀三態〉，因此文體及語句難免稍具古典的味道。〈死〉與〈現代人之生死觀〉二篇所寫的是關於生活在現代的人，處理死亡的態度。對現代人而言，大概只有傳統宗教所說的死後世界狀態，還觸及到死亡的問題尚未得到解決這一點。最後一篇論文〈人與宗教〉，在某種意義上，或許與生死觀並沒有直接關聯，之所以站在生死觀的立場收進這篇論文，是因為它陳述出老師對宗教的基本看法。死亡終究還是與宗教有關係，能夠闡明生死觀的宗教，對老師來說，正如文中所陳述的，乃是以人類生活為著眼點，負有解決人類問題之任務的東西。

岸本老師生前即已打算出版本書，然而在出版當中，又對稿件作了少許的修改，因此本書中有些內容，和原先的不太一樣。還有一些是無法修改的部分，則用錄音帶錄起來。

講談社的小松道男先生，三年來為本書的發行竭心盡力。但是，這些持續不斷的熱忱，終究還是因為老師如超人般繁忙的工作而耽擱了。本書未能趕在老師生前發行，實在令人遺憾。不過能夠在老師過世後，立刻出版此書，完全是託小松先生的福。

老師曾說：「死亡突然來到，在意料之外來到。……同時，死亡一旦來到，事實上，是很快的。」如其所言，老師的去世也是很突然、很快的。從冬初入院那時候開始，大家即已預感到它即將來臨。雖然如此，老師的死還是來得非常突然。昭和三十九年一月二十五日晚上七點二十五分，十年來持續困擾老師的癌症——黑色惡性腫瘤，在不知不覺中，深深地侵入了老師的體內。

昭和三十九年七月　高木きよ子

先夫在世的前二年（昭和三十七年），講談社的小松先生曾跟他談到，想要將他對於癌症的相關談話，集結成冊出書。先夫為此還特別提起精神對原稿加以修訂潤飾，直到去年秋天在華盛頓日美文化會議中病倒之前，他還經常將原稿帶在身邊。

這一次託增谷文雄、高木きよ子以及講談社小松道男等諸位先生小姐的協助，終於完成此書，我衷心地感謝大家。

岸本三世

父親的生死觀

岸本雄二（故博士之次男）

父親過世至今，已經有好一段時間了！

拿著父親排得滿滿的行事曆，我感到最不能適應的，與其說是父親去世的事實，還不如說是一向以「老爸」跟忙碌的父親打招呼的我，今後再也不能這樣跟他打招呼了。父親過世之後，雖然我知道應該整理一下父親曾工作過的場所，但卻一直無法著手去做。每當讀到父親所寫的東西時，總令我難以入眠。

如果說這樣講太冗長了一點，也確實是如此，我自己在這數年間，也一直告訴自己必須覺悟父親不知什麼時候會死去的事實。但即使如此，父親的去世仍然在我身上奪走了一股巨大的力量。

母親所表現出的那種「我沒有辦法想像失去丈夫以後的世界，但是他死後，這個世界依然存在」的洩氣心態，也一樣牽動了我的情緒。

我們感到這個家真的都是靠這個滿是傷痕的父親，才能一路走過來。

◎不了解的心

「不瞭解癌症這個字的我，突然被宣告罹患癌症，而且得知只剩半年生命的時候，一股對生命超乎尋常的緊張感，便排山倒海般震撼著我的全部生命。我切身感受到一個人被直接曝露在生命危急的當下，身心是如何的激越、狂亂，對生命的執著，又是如何的強烈。我毅然決定不再逃避，抱著與死神一搏的心情，接受了首次的手術。其後由於手術奇蹟般的成功，再過半年，我便即將活滿八年。這段期間，癌症曾在幾年後復發，之後每次當我想要忘掉它的時候，它就又再長出來，這也使得我不得不不斷地面對死亡。但是，在病情時喜時憂且持續不斷工作的同時，我的心似乎又逐漸展開了新的境界。」

父親在美國被診斷出癌症時的驚懼，以及之後與癌症搏鬥的心路歷程，皆如上述般記錄下來。不過，在日本的我們，還是對父親的發病感到相當突然。

我永遠記得那一天，那時我正是中學三年級。母親與正在準備大學聯考的大哥，手中拿著一封信，臉色蒼白地不斷反覆說著：「怎麼辦？怎麼辦？」那是一封父親寄給母親，寫有「讀到這封信，我想妳可能會嚇一跳，但是，希望妳能鎮定地讀完這封信」之內容，以通知她自己得到不祥之「癌症」的一封信。

「不管怎樣，還是先打國際電話再說。」

經過商量，我們決定打電話給正在海的那一邊等待動手術的父親。

不久，電話裡傳來父親的聲音，母親飛奔到話筒邊，央求父親：「我們大家都很耽心，請你趕快回日本動手術，趕快回來！」但是父親卻說：「我要在這裡動手術。」母親於是說：「雄二！你來懇求，說不定他會回來。」我便接口道：

「老爸！回來吧！在這裡住院的話……」

電話另一邊卻傳來父親的聲音：

「不要只是一直叫我回來、回來！你的棒球練得怎麼樣？很熟練了吧？」

話題一轉，竟開始談起我那時正熱衷的棒球上了。

那時，父親在《文藝春秋》刊載了一篇文章（昭和三十年十月號），上面寫道：

「白天還好，但到了晚上，只要一待在自己的房間裡，就感到天地間似乎只剩下我一個人。……我的內心一方面感受到手腳的每一寸細胞，正拼命抵抗死亡的那種劇烈疼痛，另一方面，我卻始終凝視著死亡。」

就像上面所說的，父親在死亡的宣告下，內心確是極度的緊張與不安，但他卻還能與我輕鬆地談著棒球的事。父親當時的處境，的確是我無法想像的。

結果，母親在第三天飛往父親身邊，留下要準備考試的我們兩人（我要參加期末考），但卻不能專心唸書，徬徨無助，只是抱著頭吶喊著：「老爸你還好嗎？」十分掛念在異鄉的父親。

不久收到「癌症抑制住了」的電報，我們總算才能專心準備考試。一個月以後，父親回國了。

出現在前往羽田機場迎接的我們面前的父親，手術的痕跡依然清晰可見，但是看起來卻比母親有精神。「老爸！精神不錯喔！」我們兄弟這才放下心來。這次手術說來算是奇蹟般地成功，只是傷口太明顯了……。

但是，往後由於要照射放射線，二、三年來也嘗盡痛苦。父親時常一邊撫摸著傷口癒合後不能隨意轉動的脖子，一邊感嘆道：

「啊！再也不能看天空了。如果能讓我看到天空，拿出一百萬都可以！」

不過，隨著傷口癒合處一年一年的剝落，他的承諾慢慢降到五十萬、三十萬，最近更降到一萬元以下了。

在我唸高中的時候，亦即手術後的第四年，父親的癌症再度復發。那時候雖然什麼也沒說，但在與癌症搏鬥的十年當中，這次的復發似乎對父親造成很大的打擊。

◎想做的時候就做

「為了承受剛得到癌症時內心的衝擊，給予自己精神上的支柱，只好拼命地工作。『好好地活下去』是唯一的依靠。除了這個信念，我還儘可能不去想到死亡，而像一頭負傷的野豬般不停地工作。但是，愈是不去思考死亡的黑暗，死神的血盆大口愈是迫近。

「在你想到死後會是怎樣的時候，或許會很容易地認為有死後世界的存在。但是，卻也會有死後世界存在的證據到底在那裡的疑惑。可怕的是，尚無法確定死後世界是否存在時，卻硬說是有來安慰自己。我注意到自己正被死後世界是否存在所困擾，乃決定不再依靠這種無法指望的事。

「因此，我決定在不去管死後世界為何的原則下，與生命的欲望、生命的飢餓感戰鬥下去。在這裡我所考慮的是，在剩下的時間裡，盡可能地充實自我的生活。如果讓生命洋溢著充實感，不就能戰勝死亡的恐懼了嗎？」

不斷凝視死亡而活下來的父親，對待我們跟他健康的時候完全一樣，家裡也全然感受不到他在家裡養病的氣氛。父親死後，經常被問起：「你父親生病期間，你們一定很辛苦吧？」這時，我都會回答：「完全不會，我們的生活跟平常一樣。」

我依稀記得母親及哥哥曾說過，三十歲時的父親，是小石川界一帶有名的「風箏老師」。他也很喜歡小孩子，時常將附近的小孩子集合起來，自導自演連環話劇，並分配糖果，似乎玩得很開心。事實上對我們而言，他是個留給我們許多美好回憶的父親。這就是我的平凡的「父親」。

在家裡，我們會像父親曾對來訪客人所說的「在家裡兒子就是朋友」一般，叫父親為「老爸」。而因為父親叫母親為「歐巴桑」，所以我們也跟著父親叫母親為「歐巴桑」。

這個「老爸」對我還有一種特別的教育方針。小學時，為了能讓我就讀可以和各種職業人家的小孩交往的學校，所以送到區立小學；中學時要接受較好的教育，所以送到明星學校。大學聯考的時候，則對我說：

「做個重考二年的學生也不錯，我在中學四年的時候，曾越級讀上高中，但我想這樣並不好。」反而用這種方式來鼓勵聯考前夕正緊張的我。

父親還經常談起：

「我年輕的時候雖然很想跑百米，但那時剛好沒有釘鞋，想跑也沒辦法。想做某件事的時候，就因沒有道具，一生都做不了。這是一個很大的損失。」

因此不論是棒球球具、單槓、乒乓球臺、吉他，到最近的長笛，只要我一開口，父親馬上就會買給我。似乎只要看到我歡喜的臉，老爸就很快樂了。

當我們跟父親說「唸不下書」的時候，他就會叫我們停下來，並且說：「想要讀的時候再讀。」四、五天之後，好不容易有了不可思議的讀書氣氛，那時父親好像明瞭「老爸」、「雄二」之間的默契一般，總是調皮地問道：

「怎樣？想唸了嗎？」

這樣的父親似乎有「因為是我的孩子，一定沒問題」的自信。有一次在四十人的班上我的成績是第十三名，父親失望地說道：「什麼？第十三名，我以為你是第三名呢！」記得在一旁的我還很悠哉呢！

到了禮拜天，全家在一起合唱、朗誦詩歌，我彈吉他，父親演奏曼陀林琴(mandolin)，兩人合奏O SOLE MI O、獵人的合唱、出船歌……等，能演奏的歌曲雖少，不過這卻是最幸福的時刻。

詩歌的朗誦是先從父親開始。父親很喜歡佐藤春夫，常常朗誦他的詩：

從你圓圓的眼眸裡
你的心令人難以捉摸
與你分離之後我孤獨一人
在寂寞的月夜之海打著水漂兒

看到大家都高興，他自己也就高興了——他就是這樣一位父親。

雖然父親有一條守則是「拼命工作」，但另外一面卻擁有非常細膩的心思。譬如在修建房子的時候，在要下鋸處會先畫上要鋸的記號，在倉庫的牆上則輕輕地貼著各種圖案，就是這麼一點一滴地改造家中設備。

在運動中他最喜歡馬拉松。早上跑馬拉松之前，自己會用一張大紙仔細地把路線標出來，並且會特意準備幾張紙條寫著實力強勁的選手的名字。

「現在是折返點了。」

「就是這裡了。」

總是滿懷期許地帶著這些紙條前進。

這種必須具備堅強毅力與耐力的馬拉松運動，或許只有父親才能體會箇中滋味。

還有，父親大學的時候是足球選手，十年來他與癌症搏鬥時所顯現的強韌行動力，大概在那時候就已開始儲存了。

◎做什麼都徹底

雖然一直無法把死亡置之度外，但我們始終是以父親為中心在生活。在無法確知癌細胞在何處的氣氛下，與我們在一起的父親，給我們的感覺既不是害怕死亡的父親，也不是與死亡對決的父親，他只不過是我們的老爸而已。我們也不是不知道他內心激烈的掙扎，但是，他卻像是擠青春痘時嘴巴說著「哎呀！怎麼又長出來了？」般的輕鬆，一次又一次地接受癌細胞摘除手術，手術後再把腹部及腿部的皮膚移植到患部。

每當別人問他：

「經過多少手術了?」

他總是笑著說：

「你看我移植了多少皮膚就知道了！」

當父親病倒在華盛頓時，來醫院探視的嘉治真三老師以焦急而強硬的口吻對著父親說：

「明天你如果還來開會，我就不當你是朋友！」

但是，隔天父親還是親臨會場，讓大家在不知不覺中產生父親的病並不嚴重的錯覺。

手術後父親的性格好像有了改變，當時還是中學三年級的我已多少感受到了，而周圍的人似乎也有這種感覺。聽說以前他會充分考慮別人的心情，對人家的懇求也不知如何拒絕。但是在手術後，他的性格變得明快而堅決。

譬如說在家裡，他曾以自己都感到訝異的口氣對我們說：

「我變得會（跟人）吵架了！」

就好像是一頭「受傷的野豬」，在有生之年竭盡全力活下去的父親，對被賦予的工作都會徹底地完成它。為了堅持自己的理念，而跟很多人發生了衝突，但是卻沒有人說父親是惡人，這是我引以為傲的事。

這種性格在我上大學、哥哥就業的時候表現得更明顯。「那裡不行的話，就換這裡。」、「這樣不行的話，就換那樣。」他常常提出這種萬全的對策。

這種性格也表現在他喜歡的圍棋上。父親從十二歲開始就跟八段的雁金老師學習圍棋，擁有業餘五段的資格。據曾跟父親對弈過的人說，父親手術後在外面下圍棋時，棋風變得非常積極，經常主動搶攻。

現在回想起這些事，讓我覺得那個喜歡下「一人圍棋」的父親就在自己身邊。有時候他會埋首在圍棋書中說道：「應該這樣吧？」、「不，應該是這樣。」那副自始至終認真投入的表情，讓人看了就覺得好笑。

有時父親回家時似乎特別快樂。「一定有什麼好事情。」母親就會催促父親快說。

於是父親得意洋洋地說道：

「今天跟高川本因坊比賽了。」

那時父親身上所洋溢的稚氣與歡樂，完全讓人看不出他已年過五十了。

不知道什麼時候開始，他熱切地想要擴建我們的家，打算蓋一間能夠看到狹小庭院的起居室和沖水廁所，甚至連設計圖都不委託他人，自己不知繪製了多少次。「沖水廁所就在這裡好了！」非常在意廁所位置的父親，那副志得意滿的樣子，十足像個天真無邪的小孩子收到自己喜歡的玩具一般。

也許跟父親的病有關，高中時，我對死亡產生了興趣，因此與他聊了起來。

「死亡這件事，雖然我不了解，但是我可以一直不去想它嗎？」我問道。

「雄二，人在健康的時候煩惱死亡，是件愚蠢的事。死亡是經驗之外的東西，因為我們所能經驗的僅是活著這件事。因此，除了生存下去以外，我想人類別無選擇。你應該更快樂地生活，運動、武士道並不是思考生死觀的好方法。要像宮本武藏（凡事不後悔）那樣的精神，才是好方法之一。千萬不要認為，一定要做個內心對死亡有所準備的人。你會跟我談到死亡這件事，表示你已是大人了，雄二。」

父親的這種表現，讓人從正與死神對決的他身上，見不到在論及死亡問題時，那種悲壯的氣氛。

◎想說再見

有時候正在書房準備工作的父親會走出來，興奮地對我們說：

「日本女子大學的成瀨仁藏先生，是一個了不起的人。我看過成瀨先生的書之後，覺得眼界變得非常遼闊。」

從那時候開始，「就我而言，死亡雖不恐懼，但是想一一地向每個人說再見。」父親如此說道。那時候的心境，父親有如下的記錄：

「那一刻起，我忽然變得好像能夠從正面，目不轉睛地注視死亡這件事。我體認到死亡雖然是個特別之物，但卻是一種『別離的時刻』。人們在平常的生活中，常常會因為小小的別離而悲傷、痛苦，因而會在別離的時候作好心理準備，以減輕個中的辛酸。然而儘管如此，人們真正面臨死亡的時候，反而一點準備也沒有。這是否因為人們意識到一旦斷然決然為死亡的一刻作準備後，會是怎樣的一番光景？因此對於與親朋好友之間的分離依依難捨，感覺就像被生養自己的這個世界自背後揪住辮子一般被迫死去，死亡因而被認為是如此的別離方式。然而，忍受死亡之恐怖的方法，並不是強迫自己把視線從死亡的身上移開，而是經由日常生活小小的別離中，反覆不斷地作好心理準備。」

接著父親又說：

「還有，當死亡迫近時，自己卻仍深感對社會尚有應盡的義務與責任，在最後一刻都不放棄，要貫徹到生命的最後一瞬，這種責任感是面對迫近的死亡時，支撐自己的最大力量。」

如上述般，父親也一直在全力地履行「自己對社會的義務與責任」。

父親有時會為了一小時的課徹夜準備，上這節課的時候，也許有些同學是在睡覺、聊天或根本沒有在聽，這種現象只要我想想自己的情形，也能略窺一二。

但是，看到為了講課而徹夜準備的父親，我不禁感嘆道：「我們學校要是也有這種老師，那該多好！」也因此父親最後轉到東（京）大（學）圖書館作修訂工作，不得不停掉慶應大學的課時，一直道歉地說：「啊！實在過意不去。」

父親在撰稿時，即使被委託的稿件再小也一定要校對三次。另外聽說他看到學生的稿子潦草的話，就會很生氣。

他一向遵守與別人的約定，雖然有些事我們認為他大可不必如此，但他仍舊處處為別人著想。要是約定的對方在到了之後還漫不經心地說著「怎麼辦？」之類的話，他會十分生氣，並斥責對方：「事前都已講好，為什麼現在還拿不定主意？」就父親而言，這樣做才是合理的，因此在這一點上，他對我們也相當嚴格。

他對家人的照顧也非常盡心，只是在去世的前一年，父親更是忙得不可開交，雖住在同一屋簷下，但如果有事要商量，也要事先約定好。「老爸！有話跟你說，後天早上給我十分鐘好嗎？」非得在二、三天前約好不可。另外若是閒聊或廢話太多時，父親那種「說話要有責任」、「講話要正經」的本色馬上就會展現出來。

有時讀到父親對外發表自己的感受，特別是關於「生存之道」的文章時，都會感動地說：「老爸，你又進步了！」如今再次逐一看著父親遺留下來的東西，不得不感嘆，一邊凝視著死亡，一邊還能有長足的進步，這正是父親激動心情下的生存之道。

◎感受深刻的人生

「就這樣凝視著死亡，不把眼光從死亡身上移開，那麼所謂『好好活下去』的意義，自然而然就會發生變化。不再以為只有拼命工作才具有活下去的意義，更加沈靜深刻地品味人生的心境，已在我的心中展開。

「我現在並不是已解決了死亡的問題，因為死亡問題並不是那麼簡單。雖然如此，但要是我沒有罹患癌症的話，或許就不會有這種深刻認真的生活。託癌症的福，我才能稍稍感到自己做事通情達理。雖然罹患癌症很痛苦，我的內心還是充滿感謝。」

大概是去年年初，父親在美國聽到醫生說「九年來你罹患癌症卻沒有死」的話之後，就打了一封"I can live long."（我可以活很久）的電報回來。也許連醫生也發出：「照理來講應該早就去世了，怎麼會……」這樣的疑問吧！在日本醫生也保證絕對「沒問題」，那個時候，父親是多麼地高興，我從來沒看到父親這麼高興過。

「能再活下去！能再活下去！」父親天真而愉快地說著。

雖然他已達到「品味更深刻的人生，想一一向人道別」（父親的話語）的境界，但我想死亡對他仍是個無法測量的沈重壓力。那個時候，對我來說，看到在克服癌症的心情上，父親有了喜悅的事實，總算也是一種安慰。

回想起來，我除了處處依賴患病的父親，什麼也沒給他。唯一值得說的是，我們之間的關係就像朋友一般，什麼都可以說。但是，儘管如此，我一直不知父親能否因此而感到滿意。

慢慢地品味人生，靜靜地過完這一生，從四、五年前開始，父親就有這樣的夢想。父親意外地被推薦參加詩會，似乎使父親產生竟還有這樣的人生的感觸，也指引了父親另一個生命的方向。他以柴犬的別號參加詩會，並且只要在忙碌不已的生活中偶而得到一點空閒，就很認真地作詩。我跟哥哥私底下則說這是「忙裡偷閒」。

但是，從那時候開始，日積月累的疲勞——不，應該是那恐怖的癌症，似乎已慢慢地深入侵蝕父親的身體。而這件事就連醫生、母親和我們，甚至父親都不知道。

增建沖水廁所的心願終於在八月完成了，他在裡頭安裝了插座，並使用電動刮鬍刀。有時候他會拿著刮鬍刀直接跑出來，

「怎麼啦？」

像是突然發現似地，父親的左手變得沒有感覺。和我一起合奏時，也曾經因為手指搆不到想彈的地方，而中止曼陀林琴的演奏。

「啊！手指不靈活了！」

我一直忘不了父親說這句話時悲傷的表情。現在回想起來，父親當時的心情，該是多麼難堪！

去年十月，我們一行人懷著不安的心情，來到羽田機場迎接又在華盛頓病倒的父親。他充滿精神地出現在我們面前，並且對著我們說：「你看，不是又好了嗎？左手的毛病看來也不是癌症在作怪。」好讓我們安心。不過，父親畢竟還是太累了，他以罕見的微弱語氣說道：

「雖然我自認還只有四十五歲，但看起來大概已經六十五歲了吧？」

十一月九日，父親曾投注全部精力加以改建的圖書館舉行啟用典禮。聽說那一天他看起來非常地有精神，並且很快樂，但之後他卻突然變得疲憊不堪，多半的日子就心不在焉地坐在家裡增建的那間房間裡不動。

父親非常期盼大哥的小孩，亦即自己的孫子能早日出生，他想著：「出生後，我要帶他去那裡、那裡……，不曉得是男的還是女的？」也期待看到自己抱孫子的樣子。但是不久他就不說了，或許這一切都與父親無緣吧！

◎別離的時候

記得那天是十二月二日，父親與母親一起到神代植物園散步，但由於精神不好，被攙扶回到家裡後就直接上床躺著。當我走到父親身旁時，他像是為了舒緩我的憂慮，對我說道：

「我從來沒有和你一起去旅行過，下次我們兩人去歐洲如何？」

我也只好回答：「好啊！去歐洲。」

對父親來說，外面常常像戰場，只有家裡才是休息的地方，因此父親非常討厭住院。直到他聽到南原繁醫生說：「你們在做什麼？還不趕快送他去醫院！」後，明白了：「我不住院，大家都會很困擾。」於是才決定入院。

入院之前，他又毫無遺憾地發揮了「想做就做」的精神，讀完了《德川家康》這本書。雖然母親說：「你身體不好就休息一下嘛！」但父親還是沒有停下來。他還以開玩笑的口吻，對眾多聚集在家裡以備萬一的親友說：「大家為了我如此勞師動眾地聚集在一起，我不死的話，似乎不太好吧！」

然後，當他被用擔架從家裡搬到東大醫院的時候，父親不停說著：「再見！再見！」一一跟眾親友道別。

一直以來就很喜歡說話的父親，非常善於運用幽默的笑料來製造高潮，只要別人笑了他就開心。無論再怎麼痛苦，也不會忘記幽默。即使是失去意識，在半夢半醒之間，他還是在開玩笑。因為父親縱使在這一刻，也要使我們能夠歡笑。所以雖然處於生命交關之際，父親的幽默還是使我們在死亡之前又哭又笑。

從昏睡狀態中醒來的時候，父親央求叔母唱四十年前曾唱過的「睡呀！睡呀！」的搖籃曲，他一次又一次地聽，自己則小聲哼著「枯芒」這首歌。

在移住到醫院之前，父親已一一交待好了遺言。在此之前已寫過許多次遺書的父親，這次決定不再寫，改用口頭的方式，詳細的為我的將來，一一給予指示。我一邊聽著父親所給予的指示，心想這或許是最後一次了，因而渾身也跟著緊張起來。我懷著要來的總是會來的心情，伴隨在父親身邊，聽他訴說十年來自己內心的變化。

「死亡是一種別離。」他說。

不僅是為自己，他也幫我們做好了離別的心理準備，不是嗎？

死亡已漸漸迫近因為覺得太暗而在白天開燈的父親。

一月二十五日當我回到家中時，家裡正瀰漫著不安的氣氛。「阿雄！電話。」趕忙跑去醫院，一切都已來不及了。

「老爸！您太早說再見了。不是說好等您好了以後，我們兩人一起去旅行的嗎？」

父親什麼也沒回答。

「死的時候最好不要看到臉，才會有最好的回憶。看到死亡的臉的話，就不會有美好的回憶了。」父親常這樣說。

因此，父親死的時候，我並不想看他的容顏。現在，我正擁抱快樂地與「雄二」說話的「父親」入懷中。

（《文藝春秋》昭和三十九年四月號。筆者當時為早稻田大學的學生）

懷念先夫

岸本三世

先夫十年來與癌症搏鬥的生活終告結束，最後不幸還是過世了。如今很快地又過了三年的歲月，此刻我終於才有心情想試著寫出對先夫的懷念。

先夫最初被宣告罹患癌症而接受手術，是在一九五四年的秋天。手術前後的經過，在本書的〈與癌症的搏鬥〉一文中，已有他本人詳細的說明，所以在此我想寫一些當時看到他動手術時的一些情形。

那是夏天剛結束，涼風初臨的九月下旬，先夫那時正擔任美國史丹福大學的客座教授，獨自一個人在異鄉生活。他一直都是隔天或是至少一週一次寫信回家，那一天下午，我忐忑不安地從郵筒裡收到一封厚實的信件，並拆開了它。

這封信與以往所寫的有點不同，開頭寫著：

「在讀這封信的時候不要驚訝，請平心靜氣地好好把它讀完。」

之後的內容因為在本書已有詳盡的敘述，我只想作一點概略說明。

「我沒有料到自己會罹患所謂黑色腫瘤的皮膚癌，還剩下六個月的壽命，現在非得趕快動手術不可……」他雖是病人，但為了不使家人擔心，想必費盡心思來寫這封信。由於我一直以為他是個強壯且認真講學的人，使得我在收到這樣的信時既震驚又悲傷，猶如晴天霹靂一般。

我與在家準備聯考的長子正一商量後，馬上打了國際電話。當時是晚上八點左右，美國那邊是凌晨四點。先夫正在睡覺，因此接到電話後也感到相當驚訝。電話接通之後，聽到了一年沒有見面的先生令人懷念的聲音，加上知道他因為癌症不得不動手術的消息，我竟差點都說不出話來。

「好久不見，你的病現在怎樣了?」

「現在精神還很好!」

「請回日本來動手術!」

「恐怕時間來不及!」

「那麼我到你那邊去!」

「啊!妳來也沒什麼幫助。不過，我還是會等妳。」

就憑著這句話我決定搭上飛機，無論如何都要全力地幫助自己的丈夫。

他則是與孩子們說了一些話。對長子正一說：「功課準備得還順利嗎？」對老二雄二說：「棒球賽打贏了嗎？」等等，根本不像是只剩半年壽命的人講出來的話。

之後，我與為先夫動完手術後返國的主治醫師晤談，並且拜訪外科醫師I博士，吸收有關癌症的知識，同時請託他往後診療上的種種幫忙。三天後，我便帶著旅行用皮箱以及裝有剛上市的抗癌黴素(sarkomycin)的熱水瓶登上飛機。

先夫自結婚以來，從來都沒有生過什麼大病，身體非常強壯，精神也很飽滿。他一直在為大家散播幽默，製造溫暖的氣氛。在先夫的身旁，就會讓人感到猶如置身於春陽和煦的光輝之中。他在外地罹患疾病，大家都感到十分惋惜。

這一趟旅行，意外地讓我第二度來到美國。

想起一九三二年我搭機來美探視當時在哈佛大學(Harvard University)研究所唸書，同時兼任日本文化史講師的先夫，那真是一趟充滿喜悅與希望的旅行，然而這一次卻是悲慘的。由於我看起來像是心事重重的樣子，鄰座的乘客紛紛詢問我是否需要什麼幫助，但我的心情依然無比沈重。我食不下嚥，身體也不停地顫抖著。

經過十七個小時的飛行之後，終於降落在舊金山市的機場。聽說下飛機後的我臉色蒼白，機場門口前正站著駕駛自己的車子前來迎接的先夫，他很有精神地對我說：

「怎麼來探病的妳，看起來好像是從水裡撈起來的水母？」

隔天傍晚先夫就住進Varroalto醫院，並且要在次日早上進行重要的大手術，因此早上我去探望他。雖然他臉色似乎很好，也很有精神，但儘管如此，我對他的病情卻有所覺悟，只希望他能平安地切除癌細胞。

下午有電話通知手術結束，我立即趕到醫院。那時最令我感到傷痛的是，面對先夫這樣的大手術，內心雖然非常難過，但在外國卻沒有人可以和我一起痛哭，只能在先夫的病床邊獨自悲傷。傍晚麻藥漸退，他顯得非常高興。

「傷口還痛嗎？」我問。

「不知為什麼從頭、頸部到胸口的傷口都有點灼熱，這是難免的，還好不是很痛。」他說。一副堅強努力的樣子，實在是勇敢。

手術是在癌症原發位置，以左耳上方的黑痣為中心，留下生存所需之最小限度的組織，然後把侵入組織的癌細胞切除。當然左頸部的淋巴腺也全部切除。

手術後二天左右可吃流質的食物，從第三天開始就和健康的人一樣可吃普通的肉類。不久可以從病床下來，坐著輪椅去吃飯。然而這些對這裡的病人，特別是動頭胸大手術的人而言，都會感到吃不消。

第四天傍晚，克里斯曼博士敲門進來，握著先夫的手說：「恭喜你！」

「在摘取的組織切面中，已經看不到癌細胞了。」博士說。

醫生和病人都顯得很高興。雖然嘴部的肌肉緊繃，無法好好說話，但先夫仍舊說道：

「醫生，謝謝！對了，我還能活幾年？」

博士一邊笑一邊低聲地說：「十年左右，或者十年以上。」當聽到這句話，我們一起流下了喜悅的眼淚。

從此以後先夫一天一天地康復，第十天就出院回住處靜養。本來以為即將消失的生命，現在又可延續好幾年。

自從被宣告罹患癌症以來，表面上他雖然仍很爽朗地在開玩笑，同時對我來說，那時的先夫一點也沒變，但是，在生命交關之際，被迫與死神周旋了好幾天的先夫，對死亡已有新的看法。由於手術後復原情形良好，因此當先夫要離開史丹福大學的時候，他以「東方人的生死觀」作了一次一個多小時的英語告別演講。那時他的嘴巴還很不靈活，喉嚨也十分沙啞，所以必須不停地喝水。聽眾的神情顯得很悲傷，並且似乎非常的感動。

結束一個月的療養生活回到日本時，剛上學的孩子們都感到很高興。之後為了照X光及注射抗癌黴素而入院兩個月，並且在家休養兩個月。由於春季有新課程，家裡很明顯地忘記了這個可怕的疾病。

一九五八年時為了準備在東京召開的國際宗教學會議，日子變得十分忙碌。他睡眠的時間變少了，為了籌備會議的召開而勞心勞力。我私底下很為他的健康擔心。平常工作時，他也總是忘我地全心投入，以致把自己弄得身心俱疲，這一切都看在我的眼裡。會議雖然順利地結束了，但他卻片刻也不休息，馬上接受聯合國教科文組織(UNESCO)的委託，到歐美各大學作巡迴演講。這段期間的事情已記載在本書的〈與復發的癌症搏鬥〉一文中，他本人有詳細的說明，在此我就略過不表。

我後來引以為憾的是，在他還沒去歐美旅行之前，頸部經過上次的癌症手術之後又開始長出青春痘般大小的肉疣。先夫一度想先去看醫生，但因會議十分忙碌而作罷。好不容易等到會議結束才去，醫生詳細檢查之後，認為那似乎不是癌症，並且說回國以後再作手術也沒關係。我想那時候若能在旅行前接受手術就好了。

旅途中，先夫在哥本哈根的旅館照鏡子時，由於看到那些肉疣變大，因此顯得十分耽心。那時候如果他馬上放棄演講回國就好了，但是責任感強烈的他，又繞道美國，結束四十四場演講後才回國。回國後第二天馬上接受I醫師的診治，並於隔日動手術。這是癌症第一度的復發，已經整整四年不曾出現的癌症，又開始現形了。雖說是命運，卻也是讓人十分的遺憾。

此後每個月頸部的肉疣都會一點一點地出現，此時進行的手術和植皮，情況真是慘不忍睹。手術完成後，必須進行皮膚的切除與縫合。為此還特別拜託皮膚科的博士操刀，但植皮的次數還是在二十次以上。

當我重讀這段期間先夫所寫的筆記時，發覺我這個做妻子的實在太粗心了，心中充滿歉疚。先夫始終那麼體貼別人，不讓大家知道他心情的沮喪，保持開朗，以致別人都不記得他罹患了這樣的疾病。像他在家的時候，禮拜天時會高歌一曲，並且愉快地與家人聚會。

聯合國教科文組織之旅回來後，還有更多的工作等著他。這就是已經談好的，接任東京大學圖書館館長之職。這件事我是很反對的，但先夫為了慎重起見，特別與一位居住在美國紐約的友人，當時負責洛克菲勒集團東方事務的Charles B. Forse先生用電話商量。當時的時間是我們這裡下午四點左右，美國那邊則是半夜兩點，這實在是非常失禮的事。但是對方卻不生氣，還提出自己的意見說：「這是非常困難的工作，但是也唯有你才能夠勝任，我會給你大力的支援。你不妨接下這個職務。」當時在一旁的我對事情的演變有些耽心。

東大圖書館是在一九二二年的關東大地震中被燒毀，那時恰好是我父親（姉崎正治，宗教學者，文學博士，學士院會員，一八七三～一九四九）擔任圖書館館長。後來聽說從洛克菲勒集團得到四百萬元的資助，才得以重建。不料由於這樣的因緣，這次竟由先夫擔任館長，肩負起這個古老圖書館的改造與現代化重任。在Forse先生的斡旋下，才能從洛克菲勒集團得到資助，並在前總長茅先生的援助之下，整整花費四年的時間，使內部達到相當程度的改善。先夫為了這件工作，盡心盡力地去達成它，這或許是他另一種生存的意義吧！這四年裡看著他與工作及癌症搏鬥，實在令人不忍。

一九六〇年，先夫開始了視察美國及歐洲大學圖書館的旅行。因為是三個月的長途旅程，我為了擔任他疾病的看護而一同出訪。在史丹福大學有一個月的夏季講學，接著是視察全美各地的大學圖書館。當我們參觀包括哈佛大學在內的劍橋市時，看到它還是二十八年前老樣子的建築、Charles河、森林，和從前一樣令人懷念，讓我想起年輕的時候。接著經由法國巴黎，出席在德國漢堡召開的國際宗教學會議。在德國看到美麗的森林、農村景色、萊茵河，以及萊茵河對岸高聳的古堡。

漢堡的會議結束，與大家道別後，我們散步在靜謐的公園裡，坐在長凳上眺望著花園。雖說是九月初，樹葉已開始飄落，一幅秋天的景色。那時，又再度看到先夫太陽穴上的癌症症狀。

之後剩下的義大利行程，參觀了Como湖（在義大利北方）與羅馬城、圖書館等，因精神不佳，就提早回國動手術了。

圖書館的改建正持續進行中，去巡視工程是先夫唯一快樂的事。

一九六二年秋天，他受邀擔任美國普林斯頓大學為期三個月的講學，長子正一也隨其赴美。普林斯頓的生活，使他重溫了久未再過的學者生活。他以「日本的宗教與文化」為題，集中講課八週，從週一到週五每天二小時。為了要準備，他幾乎投入所有的時間。趁這個時候，他把自己在日本因太多雜事干擾而無法專心從事的學問，又作了一次集中的研究。

「圖書館的改善工作若是告一段落，我想再過學者平靜的研究生活。」他向同行的長子說了這些話。

就在十二月臨近月底的三十日回國時，他的氣色還是很好，幾乎看不出他是個罹患癌症的人。隔年二月，長子結婚，這帶給先夫很大的喜悅與安心。但是，癌症仍舊是一長在臉上就切除，切除之後又再長出來般的長長停停。

不可思議的事發生在五月左右，癌細胞竟從此不再長在顏面上，就連K博士也說：「目前取下的癌細胞樣本的性質，已轉變為良性了。」因此先夫便把自己的疾病全權委託給K博士處理，自己則專心致力於圖書館的改善及講學等事。殊不料這卻是暴風雨前的平靜，他還高興地說：「終於要痊癒了。」由於隔年第一個孫子即將誕生，他在散步時都會順便看一下玩具。

那年夏天，我們陪同哈佛大學圖書館的弗萊恩特夫婦，從九州出發，一面視察四國、關西方面各大學的圖書館，一面橫渡瀨戶內海，作了一趟快樂的航海之旅。

秋天，先夫又踏上了在華盛頓召開的日美文化教育會議的旅程。

對海外旅行一向感到輕鬆自在的先夫，這一次似乎顯得有點疲倦，出發前他還發牢騷地說：「下次就不去了！」也因此，他在當地因高血壓而病倒的通知使我開始耽心起他來。但後來他徵詢了當時出席的代表，決定只休息一天，隔天又出席了會議，據說還賣力地作了一場演講。長久以來他便一直以從事東西文化溝通橋樑的工作自我期許，即使是病倒，他也要完成這個心願！

十月二十日回國後，他接受了主治醫師的診察，生活獲得短暫的平靜。十一月九日即將舉行先夫投入全副精力的圖書館改善工程的啟用儀式，為了準備那一天的演講，並儲備體力，他過著比往常還要平靜的生活。

那天終於到了，會場佈置在圖書館前的廣場，北風吹得十分猛烈。先夫一早起來就鼓起全副精神，並大聲朗誦演講稿。而且當他站在演講臺上時，確實作了一次很有精神的演講。強勁的風勢雖然把演講稿吹得七零八落，連麥克風和花木也被吹倒了，但是他頂著強風所發出來的聲音和姿態，看起來真有一股悲壯的感覺。從各地前來祝福的許多人士，參與了這個盛大的落成儀式。即使是回到家之後，他依然感到非常滿足。他完成了就任以來的夢想，心中露出了無比的快樂。

但是，那一天結束後，先夫像是長年的疲憊一下子全湧出來似的，把自己關在家裡，開始了他的靜養生活。那年夏天，還可看到他在自己設計的房間內一邊眺望小庭院，一邊享受這段自由自在的時光。也就在那個時候，他體內那令人厭惡的黑色腫瘤已開始蔓延了。他在美國之所以因高血壓而病倒，可能是因為癌細胞已經侵襲到腦部了。

討厭住院的先夫終究還是答應住院了，在種種的治療下，頗見功效，整整一個禮拜他的意識都呈現清楚的狀態。探病者帶來美麗的花，令他十分高興，也對我說：「受妳諸多的關照……」等等，而我感覺他比從前更衰弱了。大約是第二個禮拜開始，他陷入病危狀態，一直到最後都沒有回復意識，就此長眠了。

而他與這個令人恐懼的癌症搏鬥，持續不斷達十年的時間，看似很長，卻又很短。

（昭和四十二年三月）

生死學叢書書目

揮別癌症的夢魘

羽生富士夫／著
何月華／譯

癌症是現代人健康的頭號殺手，您對癌症認識多少？癌症等於絕症嗎？不幸罹患癌症的話，要如何面對死神的挑戰？具有「上帝之手」美譽的日本名醫，以他個人的切身經驗，懇切地告訴大家，以知識對抗癌症的重要，以及許多與癌症有關的預防、醫療等方面正確的觀念，是重視保健與生命品質的現代人必看的著作。

無生死之道

盛永宗興／著
郭敏俊／譯

面對人生的生老病死，您作何感想？對於世間一切的生生死死、死死生生，感到迷惑不解嗎？請聽日本著名禪師盛永宗興娓娓道來，以生活化、深入淺出的例子，帶領我們參透生與死的迷霧，體會「一期一會」、「遊戲三昧」的生命哲學，活在每一刻當下，生死將不再是人生痛苦的代名詞。

凝視死亡之心

岸本英夫／著
闞正宗／譯

本書是日本已故宗教學者岸本英夫與癌症搏鬥十年的心路歷程。當獲知罹癌，並被宣判只剩半年壽命後，他除了接受必要的手術治療外，也開始思索生命的本質，並陸續寫下手術前後，他在死亡威脅下的心理調適和哲理思考，他也因此將肉體生命從半年延長為十年。這其中艱苦的奮鬥歷程，句句珠璣，斑斑血淚，值得品味。

美國人與自殺

赫華德・庫盧諾／著
孟汶靜／譯

本書從心理、文化的角度探討美國人的自殺行為，並以十分具有啟發性的方式，陳述出過去三百年來西方社會對自殺行為的探索過程。作者成功地綜合了西方各學派分歧的自殺行為理論，而發展出一套嶄新且具有說服力的論點，在心理與歷史學界贏得極高的評價，對研究早期華人移民的自殺行為亦有助益。

宗教的死亡藝術

肯內斯・克拉瑪／著
方蕙玲／譯

本書以比較性、宗教性的方法，探討世界主要民族與宗教關於死亡、死亡的過程以及來生等等課題所採取的態度與做法。讀者將可發現，書中所列舉的每一項宗教傳統，都在指導它的實行者，不僅在死亡前，同時就在死亡的片刻裡，就能技巧地掌握死亡。死亡可說是一門牽涉到肉體死亡與再生經驗的宗教性藝術。

禪僧與癌共生

鈴木出版編輯部／編
徐明達
黃國清／譯

一位因罹患癌症而被宣告只剩三年生命的禪僧，如何活在癌症的病魔下，如何掌握人世間的生死，將餘生投注在什麼地方？本書即是與已故荒金天倫老和尚（日本臨濟宗方廣寺第九代管長）交往過的人，藉他們的證言撰集而成的報導文學，將老和尚以三年餘生充實為精神上三十年的生命風采，再度活現於紙上。

死亡的科學

品川嘉也／著
松田裕之
長安靜美／譯

人為何一定得經歷死亡？老年是否真的是人生的累贅？「腦死」就意味著「死亡」嗎？……這些疑問，在本書中都有詳盡的討論與解答。作者從生物學的角度出發，探討與生物壽命有關的種種議題，進而提出人類面對生死問題時應有的認識與態度，是一本將死亡學提昇到科學研究的難得之作。

死亡的真諦

小松正衛／著
王麗香／譯

當被問到：「如果人生可以重來一次，你希望擁有怎樣的人生？」多數的回答可能是出身好家庭，擁有高學歷，事業穩固，平安幸福過一生。但本書作者卻說：「世間非常艱苦，人生難行，但一路行來的人生，我還想再走一次。」是什麼樣的經歷與啟示，讓他如此達觀？請隨著作者一路前行，游入古聖先知的智慧大海……。

輪迴與轉生

石上玄一郎／著
吳村山／譯

「生死事大」，為了探究它，各種哲學與宗教已提出了許多答案，「輪迴轉生」便是其中之一。這種思想出人意料地貫通東西方，幾乎發生於同一時代。它的起源如何？呈現出那些面貌？果真能解決「生死」問題嗎？這些在本書中都有廣泛而深入的探討。

生與死的雙重變奏

齊格蒙．包曼／著
陳正國／譯

意識到必朽（死亡）與對不朽的追求，深深影響著人類的生命策略。人類社會建制與文化面向的型塑過程中，更存在著「解構」必朽與不朽的辯證和互動關係。而在「現代」和「後現代」社會，這種「解構」又出現了有別於「前現代」的許多變奏。且看包曼教授如何透過集體潛意識的心理分析，從不同角度詮釋「死亡社會學」。在必朽與不朽之間，您將重新認識現代人的社會與文化。

透視死亡

大衛．韓汀／著
孟汶靜／譯

本書所探討的論點，主要有下列幾點：一、在什麼樣的情況下，個體才算死亡？二、末期病人有沒有權利決定自己的生與死？三、器官捐贈能不能得到社會大眾的認同，進而成為一件普遍的事？作者以平鋪直敘的方法，為每一個論點作了總整理，提供讀者許多寶貴的資料與觀念，在臨終與死亡尊嚴等議題的探討上，能有進一步的認識。

看待死亡的心與佛教

田代俊孝／編
郭敏俊／譯

本書由八篇演講記錄構成，內容包括親人死亡的感受、個人的瀕死體驗、對死亡的心理準備、佛教的生死觀等，發表者有僧侶、主婦、文學家、醫師、佛教學者等不同人士，從各個角度探討死亡問題。正如主辦演講的日本「探討死生問題研討會」宗旨所示，如何在老、病、死的人生當中，正視死亡的事實，學習超越死亡的智慧，讓人生更加充實，是現代人的切身課題，值得大家一同來探討。

生命的終結

阿爾芬思．德根
早川一光
寺本松野
季羽倭文子／著
林雪婷／譯

在面對末期病患或臨終的人，甚至是自己生命的終結時，我們能做些什麼？該做些什麼？是本書所要探討的主題。四位作者分別從死亡準備教育、醫療與宗教、臨終看護等專業的角度，提供他們寶貴的經驗與意見，是關心此一議題的讀者最佳的參考。透過討論死亡，了解死亡，我們的生命必能更加美好。

從容自在老與死

日野原重明
早川一光
信樂峻麿
梯實圓／著
長安靜美／譯

隨著高齡化社會逐漸到來，種種老年心理與生活的調適、老年疾病的醫療、安寧照護等等問題，一一浮上檯面，這也是每個家庭和個人都要面對的問題。本書從接受老與死、佛教的老死觀、老年與疾病、末期照護等等角度，提出許多觀念與作法。藉由思考生命末期與老和死的種種課題，期望每一個人都能獲得一種從容自在的智慧與人生。

生與死的關照

村上陽一郎／著
何月華／譯

死永遠超越我們人類的「理解」，人類如果不能體認這個事實，醫療便會陷入「器官醫學」的窠臼之中。作者透過對現代醫療種種問題的根本探討，如醫療倫理、醫院內部感染、器官移植、安樂死、腦死、告知權、愛滋病等，重新思考生為何物？死為何物？什麼才是正確的醫療？觀念新穎，析理深刻，是您不可錯過的一部「現代醫療啟示錄」。

超自然經驗與靈魂不滅

卡爾·貝克／著
王靈康／譯

自古以來，人類對來生的想像便不曾中輟。「第六感生死戀」、「穿越陰陽界」等電影的風行，正反映現代人對轉世與投胎的濃厚興趣。但西方的唯物論和科學主義卻斥為迷信，到底孰是孰非？本書即在透過科學化的研究，深入探討死亡過程的異象與靈魂不滅的假設。顯像、附體、前世記憶、臨終體驗等現象是真是假？當生命結束後，人類某些「重要特質」會繼續存在嗎？本書有您想知道的答案。

超越死亡

霍華德·墨菲特／著
方蕙玲／譯

莎士比亞稱死亡為「未被發現的國土」，因為尚無人能像哥倫布發現新大陸一樣，在造訪該地之後回來向世人述說他的經歷。但自莎翁時代以降，有關這項古老秘密的研究工作，已有不一樣的風貌，本書即是其中的佼佼者。作者透過宗教、哲學、神秘主義以及經驗證明等比較觀點來檢視死亡，為我們揭開死後生命世界的奧秘。

生命的安寧

鈴木莊一等／著
徐雪蓉／譯

有別於一般病人，末期病人的醫療與照顧，需要我們投注更多的關心與付出，才能幫助病人安寧地走完人生。本書六位作者分別站在醫療與宗教的角度，透過親身體驗，以「從初期護理看末期醫療與宗教」、「宗教對醫療之重要性」、「佛教福利與末期護理」、「日本療養院的宗教與醫療」為題，提出他們的看法，值得大家參考。

從癌症體驗的人生觀

田代俊孝／編
徐明達
黃國清／譯

當遭逢周圍親友身故，或曾經體驗死亡經驗時，對人生與事物的看法，將會有所改變，尤其有過癌症體驗的人更是如此。本書即是日本「探討死生問題研究會」以此為主題所收集的八篇演講實錄編輯而成。癌症雖可怕，卻也是生命的一大轉機。「向癌症學習」、「向死亡學習」，這樣的人生經驗，彌足珍貴。

心靈的療癒

佐佐木宏幹等／著
李玲瑜／譯

面對生死問題，人類的反應模式和其自身的「世界觀」有著密不可分的關係。自古以來，民俗宗教在醫療上所佔的地位，更是舉足經重。但在宗教與醫療各自分工的現代社會，這種現象是否依然存在？民俗宗教與現代醫療如何相輔相成？信仰與精神醫學有何互動關係？新興宗教在現代社會又扮演何種角色？這些在本書中都有深入而廣泛的探討。

死生問題的探討

田代俊孝／編
吳村山／譯

為了充實自我的人生，也為了能與面臨死亡的人同其感受，一起超越死亡的痛苦，深入探討死與生，不是很重要嗎？秉持這個宗旨，日本「探討死生問題研究會」定期舉辦研討會，並將演講內容彙集刊行，本書即其成果之一。由生而死，從死看生，正視死亡，才能讓生命更加充實。這本書正有待我們認真玩味思索。